La Travesía de un Gran Líder

Una historia real que descubre tu verdadero valor

Este libro se terminó de escribir el 8 de enero del 2022
En la hospitalaria ciudad de Huacho.
Autor: Ricardo Sáenz Paulino.
Editor: Ricardo Sáenz Paulino.
Revisión: Juana Martínez.
ISBN: 9798404827910
Sello independently published

  Todos los derechos reservados.
  Prohibida la reproducción total y/o parcial de este libro sin
  La autorización del autor.

La Travesía de un Gran Líder

Una historia real que descubre tu verdadero valor

Sigue estos enlaces para encontrar mayor información y mucho contenido de valor.

PÁGINA OFICIAL DE FACEBOOK:

https://www.facebook.com/conferenciasylibros2022

LA TRAVESÍA DE UN GRAN LÍDER PÁGINA OFICIAL DE FACEBOOK:

https://www.facebook.com/latravesiadeungranlider:

TELEGRAM:

https://t.me/ricardosaenz2308

INSTAGRAM:

https://www.instagram.com/ricardosaenzpaulino/

SUSCRÍBETE A MI CANAL DE YOUTUBE

https://youtu.be/3T36tcTurGM

CORREO ELECTRÓNICO:

ricardosaenzpaulino@gmail.com

CAPÍTULOS

1. TE HAS PREGUNTADO ¿CUÁL ES TU MEJOR PROYECTO DE VIDA? 11

1.1 El ser humano tiene un corazón soñador........................ 13
1.2 Trabaja por alcanzar tu propio sueño........................ 17
1.3 Supera las dificultades, persigue tus sueños.................. 21

2. TU ERES EL GUARDIAN ESCLAVO Y SEÑOR DE TU SUEÑO 25

2.1 Tu eres el guardián esclavo(a) y señor de tu sueño.........25
2.2 Trabaja como esclavo por tu sueño........................ 27
2.3 Si tienes un sueño, tienes un tesoro por encontrar.........28
2.4 Se tú el señor(a) de tus sueños............................... 29

3. EL CONOCIMIENTO DE LA VIDA TE HARÁ LIBRE.......... 33

3.1 El momento y lugar adecuado hace la diferencia.......... 34
3.2 Ser solidario para hallar la magia........................ 42
3.3 Tu generosidad de hoy, será tu bendición de mañana... 49
3.4 Cuando serás una persona agradable........................ 53

4. EL TAMAÑO DE TU MIEDO LO CREAS EN TU MENTE... 64

4.1 Tu mente crea todo aquello que no entiende... 67
4.2 Visualiza primero en tu mente, tu sueño.................. 69
4.3 El poder de la mente.. 72
4.4 Como dominar la ley mental de la atracción.............. 75

5. COMO SUPERE MIS PRIMEROS TEMORES................ 79

5.1 Como enfrentar y vencer mis miedos.................... 80
5.2 Un día con mucho dinero............................... 81

6. COMO FORMAR UN LÍDER....................... 83

6.1 Formando tu primer carácter............................ 84

7. LA TRAVESÍA DE UN GRAN LÍDER................ 87

7.1 Tu compromiso vencerá tus temores................... 91
7.2 Toma tu decisión más valiente......................... 93
7.3 No te rindas... 93

8. DESCUBRE TU PORQUE ARDIENTE............... 97

8.1 Que pasa si llenas tu vaso con creencias irracionales... 99
8.2 Tus creencias limitantes............................... 102
8.3 Las excusas... 107

9. RESUMEN DEL LIBRO........................... 109

1 anotaciones importantes................................ 112
2 ¿Que numero ves?...................................... 113
3 agradecimientos....................................... 115
4 rescatando sueños… 119

Agradecimientos:

Primero, quiero agradecer a **DIOS** por permitirme escribir este libro, declaro plenamente que es por su Gracia, porque gracias a Él, yo descubrí que escribir era algo que realmente me apasionaba.

También, a mi amada esposa **Daria Ramírez** porque ella fue el pilar de soporte y bendición que Dios puso en mi camino, en mis momentos de mayor debilidad.

Incluyendo a **mis amados hijos,** ellos son mi motor y motivo para seguir adelante cada día y le agradezco a Dios por cada uno de ellos porque son mi mayor bendición.

Por último, pero no menos importante, a mis amados padres **Raúl** y **Esperanza** y juntamente con ellos a mis hermanos **Angela** y **Franklin** que me motivaron ¡seguir adelante!

Este libro es la suma de experiencias reales, de una trayectoria de 30 años, que hoy comprendo que fueron necesarios para prepararme intensamente y ver la vida desde un panorama distinto…

No soy un experimentado escritor, pero cada palabra que plasmé en este libro fue con la genuina intención de llegar a ti con un lenguaje simple y muy real, para sembrar pequeñas semillas de aliento que irán germinando y echando raíces en lo más profundo de tu corazón y en todo tu Ser.

Por algún giro del destino, Dios me mostró que escribir era algo que me apasionaba y gracias a Él, hoy este libro está llegando a tus manos.

Dios les Bendiga

PRÓLOGO

Estimado(a) lector(a) el contenido de este libro es una recopilación de vivencias en las que algunas fueron experiencias buenas y otras no fueron los que yo esperaba, pero definitivamente sean buenas o malas siempre encontré una lección de vida que pude aprender.

Mi intención es que mientras navegues entre las hojas de este libro sientas diferentes emociones, compartiendo conmigo sonrisas y lágrimas, pero sobre todo que tú puedas descubrir que somos la creación más perfecta del universo, que si hay algo creado es porque alguien primero lo imaginó y luego lo creó de manera tangible; absolutamente todo lo creado por la mano del hombre nos demuestra esa capacidad de creer para luego crear.

Algo de lo que estoy seguro es que tú tienes un talento y lo hayas descubierto o no, acompáñame a recordar todas esas aventuras reales que hoy forman parte de mis más bellos recuerdos y que quizás no lo entendí en ese momento, pero hoy me doy cuenta de que Dios tiene un plan perfecto y que cada uno de nosotros somos parte de ese plan maestro.

Hoy tienes mi compromiso, mi palabra que te entrego un libro que escribí entre lágrimas y sonrisas, porque a pesar de que es un trayecto de más de 30 años, cierro los ojos y recuerdo todo como si fuera ayer, y con todo el amor del mundo hoy lo comparto contigo para que termines de convencerte que todos somos especiales y tenemos todo lo necesario para ser maravillosos.

Mi intención en este libro es que a través de esta *travesía* descubras que dentro de cada ser humano hay una gran fuerza, un gran talento o un gran don que te invito a descubrir.

Ricardo Sáenz Paulino

La travesía de un gran líder

CAPÍTULO 1

TE HAS PREGUNTADO ¿CUÁL ES TU MEJOR PROYECTO DE VIDA?

Te has preguntado alguna vez ¿Cuál es tu mejor proyecto de vida? Sin hallar una respuesta que refleje alegría en tu corazón y si fue así, estoy seguro de que leyendo este libro puedes encontrar la respuesta correcta.

Poco antes de cumplir los 18 años, me encontraba en la ciudad donde nací, conocida como Caraz dulzura, nombrada así por la gran variedad de manjar blanco y deliciosos helados de diferentes sabores; ubicada a una hora y media de Huaraz, ciudad de varias lagunas y hermosos nevados incluyendo al imponente Huascarán. Como buen Caracino, siempre hablo con mucho orgulloso de mi bella ciudad.

En ese momento, me encontraba ganándome algunos soles extras enmarcando fotos y diplomas para algunas personas que vivían cerca de mi casa, otras veces pintaba paisajes naturales y algunas coloridas aves, los enmarcaba y vendía, realmente cobraba poco por esos cuadros que pintaba y el tiempo que empleaba no justificaba el precio.

No obstante, yo seguía pintando, porque sabía que practicando una y otra vez iba a acumular la suficiente experiencia como para lograr pintar como esos artistas que hacían hermosos retratos matrimoniales con lunas panorámicas y cobraban una cantidad que, para mí, en ese entonces, solo podían pagar las personas adineradas, aquellos que se podían dar ese lujo, eran los ricos.

Conocí algunos vecinos y familiares que tenían sus cuadros matrimoniales y creo que lo que más les gustaba a las personas era que entregaban sus respectivas fotos y después de varios días les entregaban sus cuadros; ya en ese tiempo los artistas aprendieron hacer "Photoshop" y montajes artísticos, porque en los retratos se les pintaba con trajes elegantes y ya no aparecían todas las imperfecciones faciales de las personas.

Al principio quise estudiar idiomas, inglés para ser exacto, ya que mi ciudad era visitada por muchos turistas, a los que les decíamos "gringos"; desde niño siempre quise ser guía turístico y sacar provecho del atractivo turístico de mi ciudad, y además por alguna razón, el inglés me agradaba mucho, tal vez por las canciones románticas en inglés que escuchaba; desde la primaria sentí una inclinación por aprender ese idioma, pero me di cuenta que ser un artista era mi otra elección, mucho más lucrativa ya que una vez vi el costoso trabajo de un artista que visitaba nuestra hermosa ciudad Caraz dulzura.

Realmente estaba muy convencido que, agudizando mi talento para pintar, iba a generar mucho dinero ya que siempre fui testigo de todas las discusiones que había entre mis padres y que siempre tenían el mismo origen, y éste era la falta de dinero; o al menos, generar lo suficiente como para pagar las deudas y dejaran de discutir o pelear por causa de la escasez.

Recuerdo perfectamente que muchas veces sacaba debajo de mi cama una caja y observaba mis herramientas y no te imaginas cómo me brillaban los ojos llenos de alegría, mientras soñaba despierto al abrir una caja de zapatos que contenía una gran cantidad de pequeñas botellitas con pinturas esmalte sintético de diferentes colores todas ellas producto de los pequeños saldos que yo recolectaba de las latas de pintura de un taller de matizado, planchado y pintura en el que trabajé hacía algunos meses atrás.

El corazón me palpitaba fuertemente al imaginarme todos esos retratos que podría realizar con toda esa gama de pinturas, que para mí, en ese entonces, era un tesoro que estaba a punto de descubrir.

1.1 El ser humano tiene un corazón soñador

Aún recuerdo cuando cerraba los ojos y me imaginaba a mi madre abriéndome la puerta y yo pidiendo ayuda para bajar del taxi todas esas compras del mercado; pero sobre todo, una de mis metas era cumplir el gran sueño de mi madre y éste era como el de muchas madres: "tener una casa propia" ya que siempre vivíamos de alquiler en alquiler, las deudas eran tantas que en esos tiempos los meses parecían tener solo 21 días.

Una de las frases que mis padres siempre repetían cuando les pedía propina era: "tú crees que la plata a mí me regalan" o los oía decir cada vez que tenían que pagar "la plata se me va como el agua de las manos"

Me imaginaba siendo solidario ayudando a algunos vecinos que atravesaban una situación similar a la nuestra. Por esa razón pasaba muchas horas en las noches pensando en cómo empezar algún gran emprendimiento.
quizás porque las ventas eran algo que me agradaba. Recuerdo que antes de cumplir los 9 años, mis padres trabajaban en una fábrica de conservas de espárragos y nos llevaron a vivir a una de sus sedes que estaba en Huacho, era una cálida y hospitalaria ciudad, que está ubicada aproximadamente a dos horas al norte de la capital de mi amado Perú.

Cuando llegamos a la hermosa ciudad, nos instalamos en el óvalo de Huacho y vi mi primera oportunidad para vender, en ese tiempo había muchos vendedores de golosinas que tenían sus kioscos de madera y todos ellos fueron mis primeros clientes.

Para contribuir a la economía de mi familia, a esa edad me inicié vendiendo en un tazón envuelto con un mantel blanco huevos y papas sancochados, mi área de venta era el óvalo de Huacho, la ciudad donde actualmente escribo este libro.

Entonces, viviendo en Caraz, generar ingresos producto de las ventas era mi mejor alternativa y sabía que mi facilidad para vender y ofrecer mi talento como artista era aquello que no me dejaba conciliar el sueño y no era para menos; yo estaba a puertas de abrir un negocio que para mí era como ganarme la lotería.

Me imaginaba como artista dando facilidades de pago a las personas que no pudieran pagar sus retratos al contado, dándoles la posibilidad de hacer pagos en cuotas mensuales con el fin de ser más accesible y llegar a más personas viajando de ciudad en ciudad y de esa manera lograr algo que siempre busqué desde muy niño, eso era generar ingresos para que mis padres dejen de trabajar para esos patrones que no los valoraban y por el contrario siempre los humillaban.

Finalmente, ya se acercaba el día de darme a conocer al mundo como la nueva promesa del arte e ir por las calles ofreciendo mi talento; solo me faltaba conseguir algunos talonarios o recibos, para hacerlo un poco más profesional a mi gran emprendimiento donde yo era el gerente, el secretario, el tesorero ¡yo era todo!

Afortunadamente en esos días llegó un artista llevando bajo el brazo un cuadro como referencia de su talento, lo vi por las calles de Caraz y yo levanté la mirada al cielo y agradecí a Dios, y pensé, ésta debe ser la señal, gracias por ponérmelo en mi camino, me acercaré a aquel pintor y le hablaré sobre mí y detalladamente, le diré todo lo que estoy pensando, estoy seguro de que se va a alegrar cuando le diga que ¡vamos a ser colegas!.

Por fin el encuentro se dio por primera vez, yo me encontraba frente a frente con alguien que ya había conseguido alcanzar su sueño, no lo podía creer, pero la hora de ir por mi sueño estaba muy cerca y paso a paso me fui acercando...

Yo me encontraba muy cerca observando la demostración que el artista hacía a la multitud, pero para mí solo había dos personas Él enseñando y YO aprendiendo; y no era para menos, él era un maestro en lo suyo y yo sabía que tenía que aprender de cada pincelazo suyo y escuchar sus consejos sería un factor determinante para mi gran emprendimiento que estaba por empezar.

Había una gran multitud que lo rodeaba mientras pintaba y explicaba, lo cierto es que mucha gente al ver la multitud se detenía a observar por unos instantes y luego al comprender de qué se trataba decidían continuar por su camino y durante un momento había mucha gente consultando los precios, y cómo ubicarlo en los siguientes días, pero luego se iban reduciendo.

Lentamente la multitud que rodeaba a aquel artista fue disminuyendo hasta que al fin quedamos solos frente a frente, sabía yo, que ese era mi gran momento, me acerqué y muy cortés empecé con el diálogo que era decisivo para mi futura carrera profesional:

- ¡Buenos días señor, está muy hermoso su cuadro, realmente se ve muy real su obra de arte!

Dije, como para romper el hielo.

- ¡Si verdad! es que es mi herramienta de trabajo.

Me respondió muy orgulloso.

- Sabe algo, a mí me gusta dibujar, en el colegio mi profesora siempre me sacaba a la pizarra para dibujar de un libro y que todos mis compañeros pudieran copiar en sus cuadernos.

- ¡Eso es muy bueno! no todos tienen esté talento.

Me dijo el artista…y continuó:

-Para llegar a pintar así, logrando captar la expresión de las personas, me ha tomado muchos años de práctica.

- ¡Lo sé! es por eso por lo que quiero pintar y pintar para que en algún momento llegue a ser tan grande como usted.

le respondí con gran emoción.

Y mientras conversaba con mi "colega" noté algo particular en el lienzo que aún permanecía en el caballete para pintar; le pregunté entonces, intrigado por la belleza de su trabajo y de los pinceles que estaban en su paleta.

- ¿Señor puedo ver sus pinceles?

- ¡Claro que sí!

Respondió entusiasmado. Y sacó un estuche y lo desenrolló frente a mí y mientras lo desenrollaba mis ojos se abrían más y más grandes, ya que nunca vi tanta variedad de diferentes pinceles entre gruesos y delgados y el pelo de cada uno de ellos era diferente al otro.

- ¡waow!........

exclamé como aquel niño cuando ve el nuevo juguete del hijo del vecino millonario.

- ¿Tengo que tener todos estos pinceles?

Pregunté, cuando me recuperé de la impresión.

- ¡claro que sí!, ¡y en mi casa tengo más.

Me remató sin compasión; sonriente y orgulloso.

Ya para ese momento me encontraba frente a mi primera crisis de fe en mi futura empresa, ya que solo tenía algunos pinceles escolares que no se parecían en nada a los de aquel pintor.

1.2 Trabaja por alcanzar tu propio sueño

Realmente estaba dudando dentro de mí, si ser un artista sería algo a lo que yo pudiera aspirar, ya que los comentarios del artista me estrellaban contra la pared.

Desafortunadamente la poca experiencia de la vida me cobró factura y a partir de allí, la conversación con aquel artista no reflejó la alegría que inicialmente tuve, por el contrario, mi semblante cambió y la tristeza se podía notar por el tono triste de mi voz, ya que comprendí que mi hermoso sueño empezó a convertirse en un simple sueño difícil de alcanzar.

Sin embargo, no quise rendirme fácilmente y retirarme de ese lugar sin dar batalla y traté de levantarme el ánimo buscando alguna respuesta positiva que me dé, aunque sea una pequeña luz de esperanza.

- ¿Con qué tipo de pintura hace sus trabajos?

Pregunté, tratando de levantarme el ánimo.

- Yo solamente uso pinturas al óleo importadas.

Me respondió tajantemente.

- ¿Se puede hacer estos retratos con pintura automotriz?

Le pregunté, recordando la gran variedad de pinturas que yo tenía recolectado en una caja de zapatos.

- Claro que no, si te refieres al esmalte, sería imposible crear retratos.

me respondió muy seguro.

- ¿Puedo ver su pintura?

atiné a decir con el semblante decaído.

- Aquí tengo un juego que me llegó y aún no lo he estrenado.

y me mostró una caja sellada que me dejó en shock!

- Señor, ¿Se puede comprar por unidad, algunos colores hasta lograr completar todos los colores de esta caja?

le pregunté:

-No lo creo, yo compré todo el equipo profesional, porque incluía el juego de pinceles.

Ya para ese momento, las alas de mi sueño habían sido cortadas, sin embargo, una parte de mi se negaba a aceptar aquellas malas noticias y se armaba de valor para hacer la gran pregunta y terminar de confirmar mi más terrible sospecha.

- ¿Cuánto cuesta este kit profesional?

alcancé a preguntar, con voz temerosa.

El artista me miró directamente y después de una pausa me dijo la respuesta que literalmente me hizo despertar de aquel hermoso sueño.

- "Me ha tocado pagar más de 500 soles por este juego completo, pero realmente vale la pena ese precio", porque en poco tiempo he podido recuperar mi inversión, además siempre me han quedado mejor mis trabajos con esta calidad de pinturas.

Al oír esa cantidad, se me vino la mente que un año atrás, mis profesores reclamaban mejores remuneraciones porque apenas ganaban los 400 soles mensuales, me imaginé toda esa cantidad de dinero junto y fue en ese preciso instante en que comprendí que todo, solo fue parte de un hermoso sueño, y en ese mismo instante me tocó despertar a la realidad.

- ¡Muchas gracias por la información!, seguiré trabajando para ahorrar para comprar mis herramientas, más adelante nos veremos y allí le pediré que me enseñe, porque quiero aprender a pintar profesionalmente como Ud. lo hace.

Fue lo único que se me ocurrió decir seguido de un apretón de manos; yo estoy seguro de que aquel artista se dio cuenta de mi tristeza al ver mis ojos sollozos y al oír el tono de mi voz.

Me fui batallando en mi mente a resignarme, pero por el camino fui perdiendo y dejando mi sueño tirado en el suelo, y para mí fue como dejar agonizando en ese lugar aquella ave que con mucha ilusión hice crecer.

Después de aquel trágico día, nunca más hablé a nadie acerca de lo que un día fue mi sueño ni siquiera a mis padres, ni mucho menos hablé sobre mi encuentro con aquel artista, hasta que después de 20 años, decidí escribir "la travesía de un gran líder", como parte de un conjunto de historias reales que empezaron desde que tuve los 6 años, hasta el día de hoy que estamos en plena pandemia mundial.

1.3 Supera las dificultades, persigue tu sueño

Desde pequeño muchos fueron los proyectos que llegaron a mi mente, con la diferencia que en algunos ya tomaba un plan de acción y otros quedaban solo como ideas locas de cómo generar dinero.

¡Imagínate! muchas veces me preguntaba sobre qué es lo que podía necesitar para tener una piscigranja de tilapias o carpas, ya que vivíamos cerca de una laguna natural y de allí podía sacar los alevines, y no solo eso, también en algún momento de mi vida emprendí en criaderos de camarones en acuarios con un filtro de oxígeno que funcionaba con un pequeño motor.

Pero conforme fueron aumentando los camarones, empezaron a morirse ya que necesitaban un filtro más grande y un acuario de mayores dimensiones, poco a poco todos los camarones se me fueron muriendo empezando por los de mayor tamaño.

Recuerdo que una vez hice pasta para lustrar zapatos porque vi a un primo que hacía su propia pasta y salía a lustrar en la ciudad de Yungay; esta ciudad quedaba a 15 minutos de Caraz, mi primo vino a visitarnos a un pequeño asentamiento humano, yo ya tenía 13 años y cuando vi hacer esa mezcla en ese momento le pedí que me enseñara y con su receta pude hacerla usando solo alcohol y carbón en polvo de las pilas usadas.

Una vez que tuve una mezcla homogénea, usé una lata de pasta vacía para rellenarla y la apliqué en mis desgastados zapatos de colegio y no te imaginas lo hermoso que me quedó, se veían completamente negros, y aunque no tenían brillo, era un acabado mate negro intenso.

Fui a la cocina donde estaba mi madre y le pedí que cerrara los ojos y cuando lo hizo le mostré mis zapatos recién lustrados casi nuevos, ella se alegró y me felicitó, eso me alegró grandemente y siguió cocinando, eso fue suficiente para mí.

Me fui al patio y me puse a pensar como haría más de esa mezcla y poder venderla haciendo grandes cantidades, claro lo primero que pensé era que tenía que guardar esa receta bajo 7 llaves para evitar la competencia industrial, en mi mente ya estaba expandiendo el negocio porque me imaginaba pidiendo ayuda a mis amigos y asociarnos para recolectar pilas y envases usados para mi nueva pasta de zapatos a cambio de una pequeña comisión.

Luego mi madre me llamó y cuando me acerqué y me senté, vio que mis pantalones jeans de color blanco, que una de sus comadres le había regalado para mí, se encontraban completamente manchados por dentro y por fuera por el carbón de la pila, ella en un arranque de cólera me castigó tan duro que desde ese mismo instante se me fue de la mente aquel lucrativo proyecto de poca inversión.

Al ver que no había algo productivo para mí, a menudo me iba a la playa a buscar cangrejos, yuyos, choros o peces que me regalaban algunos pescadores cuando les ayudaba con sus redes.

Muchos años después también emprendí, en la ciudad de Huacho ya cuando tenía mi hogar y mis hijos, en la crianza de codornices, porque vi que los pequeños huevos eran muy comerciales y además muchas personas trabajaban vendiendo huevitos sancochados de codornices y se veía que les iba muy bien.

Entonces mi esposa y yo fuimos a un proveedor mayorista de codornices para que nos vendiera codornices de pocos días de nacidas, ya que por ciento salían más baratas.

También averigüe sobre la crianza y cuidados y además hicimos muchas jaulas de varios pisos; la información que me agradaba era que un solo macho era suficiente para 8 o 7 hembras, eso significaba mayor productividad de huevitos, entonces con esa referencia, salí a buscar al granjero que me iba a proveer los polluelos y le especifiqué que por cada 80 codornices hembras me diera solo 10 machos, él me aseguró que conocía muy bien el género de las codornices y por el tamaño las podía distinguir.

Ya con mi criadero de codornices otra vez me imaginaba que sería todo un éxito, hasta que al fin de unos meses cuando ya deberían de poner sus huevos ninguno lo hizo, nos preocupamos por que el gasto de alimentación era cada vez más elevado y cuando consulté a otro que sabía de crianzas, me dijo que era muy fácil saber el género, solo tenía que apretar ligeramente la parte trasera del codorniz y si expulsaba una espuma blanca era macho.

Así lo hice y grande fue mi sorpresa cuando descubrí que casi todos eran machos y solo algunas eran hembritas y ya estaban por poner sus huevos.

Ya te imaginarás la desilusión que sentimos, pues todo esfuerzo fue en vano y al precio que teníamos que vender los machos no iba a cubrir la inversión realizada, así que tristemente tuvimos que vender poco a poco hasta terminar, de esa manera quedó descartada esa opción para generar dinero.

Luego; por las pocas codornices que nos quedaban, un señor nos ofreció cambiarlas por cuyes y gustoso accedí y luego invertimos una fuerte suma de dinero comprando cuyes de raza mejorada y empezaron a aumentar, y cada vez hacía más jaulas con triplay y malla metálica, compré un libro para asesorarme en la crianza de cuyes y todo iba bien y además tuve que buscar otro lugar más amplio para nuestro improvisado proyecto.

Pero nuevamente algo tenía que pasar, y es que el perro pastor alemán, que era el guardián, que supuestamente tenía que cuidar a los cuyes, un día que no estuvimos rompió la malla metálica y el triplay y mató a casi el 90% de los cuyes entre recién nacidos y hembras que ya iban a parir; cuando llegué y vi a todos los cuyes muertos, fue una escena de desesperación ya que gran parte de nuestro ahorro estaba allí.

Nuevamente, nuestro proyecto se vino abajo ya que desde ese día no pudimos recuperar lo perdido, por el costo de los alimentos, siempre lo comprábamos en el mercado y teníamos que pagar un taxi para llevarlos a nuestra pequeña granja, por eso vendimos lo poco que nos quedó, y los pequeños les obsequiamos a mis padres.

Fueron muchos los emprendimientos que hice una y otra vez, pero los que me devastaron fue cuando empecé a usar financiamiento de entidades bancarias con grandes cantidades de dinero, esas sí que fueron unas pesadillas que por años nos atormentó afectando directamente a mi familia y hogar, y me hizo perder verdaderas amistades.

En este capítulo entendí que cuando todas las circunstancias te son desfavorables, la diferencia que hará que te levantes una vez y otra vez, es cuanto crees en ti; antes de emprender cualquier proyecto, recuerda que Tú eres tu mejor proyecto de vida, créelo porque tu éxito no es más que tu propia decisión ya luego influyen los factores externos como complemento.

CAPÍTULO 2

TÚ ERES EL GUARDIÁN, ESCLAVO Y SEÑOR DE TU PROPIO SUEÑO

Después de aquel fatal día nunca más me imaginé pintando, es más ni siquiera me acordé de aquel sueño, hasta que empecé a escribir este libro.

Hoy en día veo la gran variedad de pinturas al óleo pastel que tienen precios realmente asequibles, desde los más económicos para estudiantes, hasta los más sofisticados para profesionales.

Incluso me enteré de que ahora venden los ingredientes necesarios para que puedas crear a tu gusto tus propios matices.

Yo no sé qué tan real fue la información que me dio aquel pintor, de lo que sí estoy seguro es que sea real o no, fue lo suficiente como para dejar morir mis sueños.

Para ti que estás acompañándome en esta aventura y tienes un sueño guardado en tu corazón, mi consejo es:

2.1 Tú eres el guardián protector(a) de tus sueños.

Si tienes un sueño, defiéndelo a capa y espada y aférrate con uñas y dientes y no permitas que nadie le corte las alas a tu sueño, abrázalo con el corazón y defiéndelo con todas tus fuerzas de todas esas influencias negativas que muchas veces no vienen del exterior, sino de tu mismo interior con pensamientos pesimistas disfrazados de razonamientos realistas. Que lo único que hacen es paralizarte y no te dejan tomar esa gran decisión que te puede cambiar la vida y la vida de tus seres amados.

Algo muy curioso es que justo cuando tienes sueños y metas por cumplir es cuando te das cuenta de que la vida siempre te presenta adversidades y retos por superar, justamente para ver qué tanto deseamos conquistar nuestros sueños, también es allí donde se te presentan las circunstancias desfavorables que no son nada más que los roba sueños.

Muchas otras veces el desaliento y la frustración no viene de ti, sino de confiar en las personas equivocadas que, en vez de sueños, tienen por costumbre tener pesadillas y que quizás no sean malas personas y con la mejor intención te regalen lo que mejor saben dar … "Consejos"

Y tal vez sus consejos vayan después de estas afirmaciones que según ellos sus años de experiencias les da la suficiente autoridad para orientarte:

-Porque te quiero, voy a ser sincero contigo …

-Déjame darte un consejo, antes de que cometas una locura…

-Bájate de esa nube, yo ya lo he intentado mil veces …

-Tu recién estás en el cascarón, yo ya cambié de plumas …

-Mientras tú estás de ida, yo ya estoy de regreso….

-Por mi experiencia de tantos años, tengo que decirte …

- Yo tenía un familiar que estuvo en eso, y le fue muy mal, etc.

Muchos de estos comentarios encontrarás en tu entorno cercano y tú debes de vencer las semillas de dudas que dejan en tu mente, solo de esa manera demuestras realmente cuánto te importa luchar por tu sueño.

Es fácil que evites esos comentarios cuando sabes que vienen de personas negativas, hasta muchas veces ya sabes todas las palabras que te van a decir, pero cómo te puedes cuidar si esos mismos consejos vienen de personas en las que confías plenamente, ¡te agarran con las defensas bajas! verdad y a través de su buena voluntad para evitarte posibles fracasos y futuras decepciones, finalmente terminan por convencerte que mejor será esperar alguna nueva oportunidad con las mejores posibilidades para lograr alcanzar tus sueños.

Una buena opción para que tengas una idea de a quién oír y seguir sería, saber si la persona que te brinda el consejo es una persona que ya consiguió aquel preciado sueño que tú deseas alcanzar, no importa mucho si es algún familiar o no, la vida está llena de buenas intenciones sin buenos resultados, y si ves que ya ha conseguido sus sueños y sabes que es digno de imitar en todo.

Si vez que es el modelo de persona que tú deseas ser entonces es la persona correcta que te puede guiar, porque producto de su perseverancia ha logrado alcanzar sus sueños.

2.2 Trabaja como esclavo(a) de tus sueños

Sé que te puede sonar algo extremo y radical, pero si te dieras cuenta cuantas personas se levantan antes que cante el gallo y lo hacen durante los años de su plena fortaleza, para trabajar de gallo a grillo por los sueños ajenos a cambio de algunas monedas y al fin cuando deciden trabajar por su propio sueño, ahí es cuando se dan cuenta que sus fuerzas decaen y se quedan en el camino sin llegar a su destino.

Trabaja incansablemente para alcanzar tu propio sueño y recuerda que tienes que vivir intensamente, disfrutando de tu proceso de transformación teniendo en cuenta que se puede ser muy feliz sin importar si has nacido en cuna decorada con simples globos o decorada con piedras preciosas, lo cierto es que, para ambos casos, el día tiene 24 horas, la diferencia está en cómo utilizas tu tiempo, ¡aprovéchalo al máximo!

Yo tuve un sueño anhelado, estaba muy seguro de que al fin había encontrado la llave que me abriría las puertas del éxito, pero me faltó ser celoso guardián de mi sueño, y trabajar arduamente, esclavo de mi sueño sabiendo que cada paso que daba me acercaba a lograr mi gran anhelado sueño.

2.3 Si tienes un sueño, tienes un tesoro por descubrir.

Recuerda que hubo muchas personas que tuvieron un ideal y perseveraron a pesar de las adversidades logrando ¡cambiar al mundo! Y quizás no seamos de las personas que cambien al mundo, pero de lo que estoy seguro es que, sí podemos cambiar nuestro corazón en primer lugar, recuerda que "de la abundancia de nuestro corazón, habla nuestra boca". En la biblia dice "por los frutos los conoceréis" y si uno analiza esa frase y la contrasta con lo que dice en este mismo párrafo, nos damos cuenta de este claro mensaje:

- Un ladrón no es ladrón porque roba, roba porque en su corazón, ya es un ladrón.

Cambia tu corazón, tu forma de ser y cambiará tu historia, tu familia, tu país y sembrarás pensamientos positivos que generen muchas emociones positivas y acciones positivas que trasciendan.

Estimado(a) lector después de 20 años escribo estos sueños que un día los tuve y me doy cuenta de que algo que me influyó a soñar ser un gran artista pintor, era que yo ya venía padeciendo por casi dos años seguidos de un dolor corporal llamado fibromialgia que me limitaba trabajar al 100%, para otras personas, y el sentir que ese dolor cada día se hacía más intenso, supuse que lo mejor sería dedicarme al arte que tanto me gusta y donde no implique tanto esfuerzo físico.

Sin embargo, quizás en ese momento no lo entendí y le reclamé a Dios muchas veces ¿por qué a mí? Creía que fue injusto conmigo al no darme una mano para que yo pueda cumplir mi sueño, hoy después de 20 años me doy cuenta de que sí hay algo que le pides a Dios, y ves que no se te cumple, aunque le pidas de corazón, alégrate porque Dios es sabio y te ama y prepara algo mucho mejor para ti.

Prueba irrefutable de lo que te he dicho es que hoy tú estés leyendo este libro, que escribí con todo el amor del mundo sabiendo que le pedía a Dios una bendición y El perfectamente me lo ha cumplido.

2.4 Se tú el señor(a) de tus sueños

Toma las grandes decisiones, ajustando tus estrategias cuando sea necesario, pero siempre con tus objetivos bien definidos; recuerda que "no podemos cambiar la manera de cómo llegamos a este mundo, pero si somos responsables directos de cómo lo vamos a dejar".

Todo dependerá del nivel de compromiso, aun sabiendo que tendrás que superar los diferentes obstáculos que cada día se nos presentan, y nos da la posibilidad de ser cada vez más fuertes.
Tú eres el principal beneficiado o afectado, muchos te pueden aconsejar y gracias por eso, pero realmente ¿les afecta si te va mal o bien? que no te importen las adversidades para ser feliz, la felicidad es una decisión; y te corresponde decidir solo a ti, porque es tu derecho y si tú lo decides con un gran compromiso, tendrás la suficiente fuerza para luchar por tus sueños rompiendo así las cadenas mentales que atan tus sueños.

Como señor(a) de tus sueños te toca echarte al hombro la responsabilidad de tomar decisiones y aceptar las consecuencias que éstas te traigan, pero no temas equivocarte por luchar para alcanzar tus sueños, recuerda muy bien; si no sale como esperabas, habrás ganado experiencia, en otras palabras, ganarás o aprenderás.

Algo que recuerdo haber oído es que Dios les deja las batallas más fuertes a sus guerreros(as) más valientes. Y tal vez te sientas muy fuerte y aún no hayas levantado tu mirada al cielo; pero hasta cuándo será solo tu batalla, si estás cansado de luchar y luchar sin ver grandes resultados, es hora de que te detengas y te hagas una pregunta: lo que yo estoy tratando de conseguir para mi vida, y mi familia ¿es lo mejor?, o mejor aún pregúntate si eso que tanto pides, es lo que Dios eligió para entregarte.

Habrás oído la siguiente expresión "la vida no es un jardín de rosas". Pero fíjate que, sí puede ser igual de hermoso si tú lo deseas y tienes una actitud positiva; verás que los problemas que se te presentan siempre serán como las espinas que rodean aquellas hermosas rosas"

Muchas fueron las veces que me dejé vencer por los obstáculos, cada vez que llegaba a mi mente una idea de cómo lograr mis objetivos y mi plan de acción, siempre aparecía ese gran **"pero"** que traía una serie de razones supuestamente realistas que, después de un momento de análisis, terminaban por desanimarme sin ni siquiera haberlo intentado.

Como consecuencia terminaba por perpetuar una vida llena de gastos y deudas que se pagaban, pero adquiriendo otras nuevas deudas. Y ganando solo preocupaciones y más dolores de cabeza al saber que solo vivíamos de préstamos y trabajábamos solo para pagar los intereses que se generaban.

Lo mejor para tu vida viene cuando descubres que mucho de lo que te limita a recibir toda la bendición, eres tú mismo, ya que inconscientemente te darás todas las explicaciones y justificaciones de porque no deberías ni siquiera intentar cambiar tu vida en la que día a día solo sobrevives; mientras no aceptemos que somos hijos de un Dios de abundancia, no encontraremos aquella luz que nos espera al final del túnel.

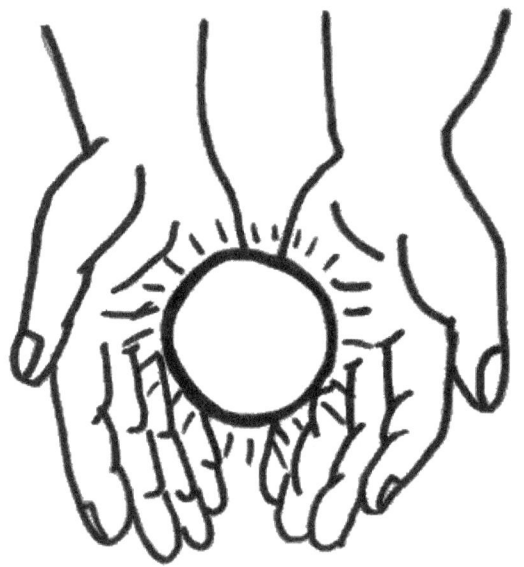

CAPÍTULO 3

EL CONOCIMIENTO DE LA VIDA, TE HARÁ LIBRE

Una hermosa mañana escuchando la radio en mi casa, oí una publicidad que decía: "aviso de trabajo, importante panadería y pastelería solicita un joven con experiencia en panificación, todos los interesados presentar su currículo vitae a la siguiente dirección"

Yo me quedé pensando y recordé que hace muchos años atrás cuando tenía trece años aproximadamente, vivía con mis padres en un pequeño pueblo donde no había servicios básicos como: luz, agua y desagüe; y los juegos de todos los niños de mi edad, empezaban por las tardes a través de unos silbidos que cada niño ya conocía y buscaba cualquier excusa para salir de casa a jugar: la chapada, las escondidas, mata gente, trompos, canicas, vóley, fútbol, bastaba que haya cuatro o cinco niños jugando para que muchos niños se agregaran a nuestra reunión, todos nos conocíamos muy bien y hasta el apodo era digno de cada niño. Los juegos eran realmente divertidos y aunque no faltaba algún pleito por alguien que se picaba, al final terminábamos más felices que al principio y aunque no quisiéramos, la diversión se terminaba cuando nuestros padres nos llamaban para cenar y uno a uno íbamos desapareciendo; recuerdo que, aunque no éramos lobos, cada niño ansiaba las noches de luna llena, ya que ese día la diversión era por partida doble.

Recuerdo también que ayudaba a seleccionar huevos en una granja que estaba cerca a mi casa y en retribución me regalaban huevos quiñados o los más pequeños que no alcanzaban el peso necesario.

3.1 El momento y lugar adecuado hace la diferencia

Para mí, uno de los días más emocionantes era cuando llegaban presentaciones de pequeños grupos locales o estereofonías que se organizaban esporádicamente, ese día medio pueblo se alborotaba por el sonido de los parlantes y los destellos de las luces multicolores, originados por un gran generador Diesel.

Sabía perfectamente que mis padres no me darían el permiso para ir a esos eventos de los mayores, pero eso no era problema para mí, porque ya todo estaba planeado.

Ese día todo transcurría normal y no les mencionaba para nada que esa noche habría una fiesta, no obstante, me cercioraba de cumplir con mis tareas del colegio, hacer los deberes en la casa, cuidar a mi hermano menor y obedecer a mi hermana mayor, además de cargar como cada tarde agua en los bidones desde un puquial o manantial hasta la casa.

Ese día coincidencialmente yo era un niño modelo porque hacía todos mis deberes, pero yo sabía que, si pedía permiso para salir en la noche, me regañarían y hasta era muy probable que mi madre me castigara porque en realidad yo aún no tenía la edad suficiente para salir por las noches.

Como ya conocía muy bien a mis padres esperaba el momento y lugar adecuado para pedirles el anhelado permiso; cenábamos y veíamos algún programa divertido en nuestro pequeño televisor en blanco y negro que funcionaba con una batería de carro; y para ahorrar la batería siempre lo apagábamos cuando empezaban los comerciales y luego lo volvíamos a prender calculando que ya empezaba nuestro programa, de esa manera viví durante muchos años de mi niñez.

Ese día luego de ver nuestro programa favorito, cada uno de nosotros estábamos en nuestras camas en total oscuridad buscando conciliar con el sueño; bueno, ese día eso era lo que creían mis padres.

Se escuchaba a la distancia sonar la música del momento, sin embargo, yo no decía nada y me hacia el dormido hasta que mis padres estén entre este mundo y el de los dulces sueños, y justo cuando ya estaban empezando a sentir un dulce y reparador descanso, o sea que estaban más para allá que para acá, justo en ese momento empezaba mi plan.

-Mami … mami … Mamiii …

¡Empecé a llamarla cada vez más fuerte!

- ¿Qué quieres?, duerme ya y deja dormir.

me respondió enojada.

- ¿Puedo salir un rato con mis amigos?

Le pregunté, con un tono suave para no despertarla y se levante a castigarme.

-Mami … Mamiii …

- Deja dormir por favor sabes que la cólera me hace mal.

Se oyó en plena oscuridad.

-Ya Mamiii …

-dile a tu papá a mí no me molestes.

Yo repetí con mi papá exactamente el mismo libreto, hasta que por fin mi insistente técnica empezaba a dar sus frutos…

-A mí no me digas nada, que tu mamá es quien te da el permiso.

¡Hasta que por fin se oyó la respuesta correcta!, como respuesta a mi estrategia de esperar el momento y lugar adecuado.

-sal y deja dormir, pero no llegues tarde.

Eran las palabras de mi Madre, y antes de que terminara de hablar, yo ya estaba terminando de vestirme en plena oscuridad ya que toda mi ropa ya estaba lista desde la tarde, pero escondida para no alertar a mis padres de mi plan.

Ya saliendo de mi casa, yo silbaba y se oía un silbido de respuesta por allá, otro por acá y uno más allá y así todos mis amigos ya sabíamos el punto de encuentro, uno a uno llegaban hasta la entrada de la fiesta, entrábamos en grupo, pero nosotros no pagábamos las entradas porque éramos niños, entrábamos, pero no para bailar ni beber alcohol, entrábamos para corretear por todos lados haciendo competencia entre mis amigos de quién es el que reúne más botellas vacías de cerveza, y así era muy divertido, porque corríamos entre los destellos de las luces multicolores.

Un día salí de mi casa y llamé como siempre a mi vecino para salir a la fiesta, ya estábamos en la adolescencia y participábamos en ocasiones bailando al ritmo del momento que era la música teckno, cuando mi amigo salió me dijo que estaba atrasado con las tareas, porque toda su familia eran panificadores y la tarea de mi amigo era limpiar y engrasar las latas de pan.

Eso era algo con lo que no contaba.

¿Cuánto tiempo te vas a demorar para que termines?

yo le pregunté:

- ¡Me voy a demorar una hora mínimo!

Muy apurado me respondió.

Para mí era mucho esperarle una hora parado en la puerta de su casa, entonces le pregunté:

¿Si yo te ayudo acabarías en media hora verdad?

-Claro, me respondió.

Entonces decidí ayudarle a mi amigo con sus deberes, y de esa manera, reducir el tiempo de espera.

Cuando entramos a la panadería estaba su papá y otros familiares haciendo el pan; empezamos a limpiar, engrasar y poner papel engrasado a todas las latas, yo no podía creer que esas pequeñas bolitas de masa eran los grandes panes que comíamos cada mañana.

Lo cierto es que me agradó ayudar, aquel día terminamos los deberes de mi amigo y yo me quedé con ganas de ver todo el proceso de la panificación.

Al día siguiente volví a la panadería para ayudar, pero esta vez mucho más temprano, muchas veces me quedaba hasta la madrugada ayudando en el horneado y el papá de mi amigo siempre me regalaba una gran bolsa lleno de panes que se golpeaban, o los panes ligeramente dorados, eran aquellos que no cumplían las exigencias del maestro, y llegar a casa con una bolsa de pan caliente me hacía sentir importante en mi casa.

De esa manera descubrí que me agradaba la panificación y obtuve el conocimiento básico sobre los panes a pulso y horneados en horno de ladrillos y barro.

Mucho tiempo después me enteré de que mis ancestros fueron grandes panaderos en los años 60, a mi abuela Julia todo el pueblo Caracino la conocía como: **¡ashnu tanta!** (Porque vendía panes en un burro).

 Luego se sumaron muchos familiares más a continuar la tradición, incluyendo a mi hermosa Madre, ella desde niña hacía panes con mi abuela, incluso cuando yo ya estaba en su vientre, ella algunas veces continuó haciendo los panes, me di cuenta entonces que ya tenía cientos de horas de práctica lo suficiente como para cumplir las exigencias de la panadería y obtener un puesto como ayudante de panadería.

Entonces volviendo al presente, estaba yo pensando si calificaría para postular a ese anuncio de trabajo que oí en la radio y decidí presentarme en ese preciso instante, yo conocía aquella dirección ya que era una panadería y pastelería muy conocida, sin duda era una de las más modernas, cuando llegué me entrevistó un señor muy elegante y le hablé de todo lo que yo sabía hacer, me tomó los datos, los anotó y le di el número de teléfono de una vecina para que me contacte.

Esa misma tarde, la vecina me dijo que me llamaron de una panadería y dijeron que me acercara mañana por la mañana, eso fue sorprendente, había una esperanza de obtener un puesto laboral en esa pastelería.

Por la mañana muy temprano me presenté y esta vez me recibió una Señora; me ofreció un puesto como personal de apoyo ya que el puesto de ayudante de panadería lo ocupó otro que llegó antes que yo a la entrevista, y me explicó los roles: limpieza, lavar los utensilios de la pastelería, y apoyar en todo lo que haga falta, coordinamos mi sueldo por 6 soles diarios; sin dudarlo acepté el puesto y ese mismo día entré a trabajar a la pastelería, que yo conocía porque siempre iba, pero solo a comprar panes, era el único producto que se ajustaba a mi economía.

Ingresé a los vestidores y me puse el respectivo uniforme blanco, era algo difícil de creer, pero ya tenía un empleo y me gustaba mucho trabajar en aquella pastelería, era mi primera vez que trabajaba en una empresa tan grande, me veía muy bien con uniforme completo.

Yo sabía perfectamente que tener aquel puesto de trabajo en esa pastelería era el sueño de muchos jóvenes, y esta vez entre tantos jóvenes buscando un digno puesto laboral, Dios me dio esa gran oportunidad como si fuera una sorpresa, de esa manera yo fui el afortunado.

Recuerdo que siempre me gustaba oír la pregunta: ¿En dónde trabajas?, porque me gustaba sorprenderles cuando muy orgulloso les decía el nombre de la pastelería, sobre todo a mis amigos y cuando iba de visita a mis familiares.

Pasaron los meses y me sentía cómodo con el puesto, hasta que un día no vino el ayudante de panadería ya que dijeron le dolía la cabeza, como siempre en la mañana siguiente de la presentación de algún conocido grupo musical.

El administrador estaba muy preocupado ya que no había otro ayudante, de repente me dice: "Sáenz apoya hoy al panadero", yo estaba encantado con la idea y entré al área de panadería y a pesar de que sabía que era más pesado ya que me tocaba cargar los sacos de harina y yo por dentro tenía la terrible fibromialgia, sin embargo, a pesar de que ya vivía tomando algunos relajantes musculares y de vez en cuando algunos masajes de terapia, acupuntura, hidroterapia y electroterapia, y algunas veces mi madre me llevó a los brujos; jamás dije algo a los administradores para no perder mi puesto de trabajo en aquella pastelería.

Esa nueva área me gustó y logramos hacer un buen equipo con el maestro panadero tanto que acabamos en menos tiempo que de lo costumbrado, y cuando vino el administrador a preguntar por mi desempeño el maestro panadero dijo que era muy bueno en lo que hacía y solicitó el cambio inmediato, fue desde ese entonces que del área de limpieza pase al área de panadería.

Cada vez fui mejorando con mis habilidades de ayudante panadero y aunque mi trabajo consistía en hacer los panes junto con el maestro panadero, por las tardes me quedaba solo horneando todos los panes.

La pastelería tenía horno rotativo eléctrico, en muy poco tiempo aprendí perfectamente el manejo del tablero de control digital.

En el recorrido de la panadería al almacén había un área que no entrábamos, ésta era el área de pastelería, ya que los que trabajaban en la panadería no tenían buenas relaciones laborales con los de la pastelería, y la justificación era que el pastelero era una persona muy soberbia que no socializaba con nadie en la panadería.

Siempre las personas de otras áreas decían que el maestro pastelero era un creído, porque viene desde la capital y todos los días le pagaban su pasaje además siempre se jactaba de su experiencia por tener más de 30 años como pastelero por eso ganaba más que un profesor.

Me contaron que muchos jóvenes de diferentes áreas se le habían acercado para que hagan amistad con él y puedan obtener así alguna receta.

Yo mismo había visto cómo jóvenes inexpertos se le acercaban con papel y lápiz en mano para obtener alguna receta de algún pastel y el maestro siempre les respondía.

"si quieres saber lo que yo sé, tienes que pasar una noche conmigo"

Con esa frase se los quitaba de encima a los curiosos, yo recuerdo que el maestro pesaba sus insumos en una balanza reloj de doble cara, pero por alguna razón muy extraña una de las caras de la balanza tenía doblada la aguja que marcaba el peso, por esa razón los curiosos llegaban y se iban porque no sacaban ni una sola información.

Además, se notaba que el maestro era una persona muy ocupada y lo último que quería era a personas que le hagan perder el tiempo pidiendo recetas y además con una lluvia de preguntas que en nada alegraban al maestro pastelero.

3.2 Ser solidario para hallar la magia

Recuerdo que yo iba horneando y dejaba programado el horno, luego me ponía un guardapolvo y ayudaba a atender despachando los panes calientitos desde el mostrador, ya que por momentos claves las señoritas de despacho no se abastecían frente a esa multitud que hacían una extensa cola con sus tiques pagados.

Se repetía lo mismo cada tarde, y algo que noté cada vez que iba al almacén, fue que el pastelero trabajaba duro, ya era muy noche y él seguía trabajando desesperadamente, rascaba sus latas y vi el lavadero lleno de utensilios por lavar, yo sabía todo lo que decían los demás trabajadores acerca del pastelero, incluso yo suponía su mal genio y que no sacaría ninguna receta de su parte. aun así, decidí entrar a su área y le dije:

- ¡Maestro buenas tardes! He dejado programado el horno con la última horneada de los panes especiales y después ya se queda desocupado.

- ¿tiene algo para hornear?

El me respondió:

-Sí, tengo galletas de alfajores y las planchas de milhojas.

A lo que yo respondí

-Indíqueme la posición, ahora estoy libre y tengo tiempo para ayudarle horneando, mientras usted termina con los pasteles decorados.

- ¡Me parece muy buena idea!

Me dijo con un tono un poco serio.

Mientras acomodaba las latas de mil hojas y alfajores, hornear era muy fácil para mí ya que el horno digital eléctrico es muy versátil y yo solo necesitaba las indicaciones sobre el tiempo y la temperatura exacta para un correcto horneado, una vez programado el horno con los pasteles, entré a ayudar a lavar los utensilios de pastelería, también le ayudé a limpiar las latas que aún faltaban limpiar.

Ese día por primera vez lo escuché decir, gracias a aquel maestro, al que decían que era orgulloso y que nunca hacía amistad con nadie, además parecía otra persona, ahora era más alegre; mucho tiempo después me di cuenta de que el problema probablemente podía ser que nadie quiso ser amigo del pastelero porque se sentían menos, por su propia baja autoestima.

La mañana siguiente trabajé en el área de panadería y en la tarde en la pastelería y a la hora del horneado ingresé a la pastelería, y vi que ya me esperaba una bolsa de manzanas para pelar para los pies y tartaletas, aparte otra bolsa de cebollas para picar para las empanadas de pollo y de carne.

Cada día se repetía una y otra vez y a pesar de que llegaba a mi casa más cansado de lo habitual, siempre estaba muy contento por algo nuevo que iba aprendiendo; no pasó mucho tiempo los rumores y comentarios desagradables empezaron a recorrer de boca en boca, unos decían que yo era falto de carácter para no hacerme respetar y dejar que me mandaran hacer trabajos fuera de mi área.

Muchas veces el maestro panadero muy molesto me increpó: preguntándome, porqué ayudaba a alguien que no se lo merece y si alguna remuneración extra recibía por las horas extras; además me recomendaron que, si yo era obligado a trabajar horas adicionales a mi horario de trabajo, sin dudarlo que presentara mi reclamo escrito al área de administración.

Algunas veces hoy algunos podrían expresarse mal de mí porque no entendían cómo es que acabando mi trabajo regalaba mi tiempo y esfuerzo a cambio de nada; me preguntaban mis compañeros si yo era obligado por el maestro pastelero a lo que yo les dije que lo hacía de manera voluntaria ya que mientras horneaba tenía tiempo libre para ayudar un poco en la pastelería.

Solo por ayudar y sin ningún interés particular, solo ayudaba porque el maestro necesitaba ayuda, fue en ese momento donde todos los trabajadores empezaron a burlarse y hacer suposiciones absurdas y hacer conjeturas desagradables; ellos no entendían el beneficio que yo estaba obteniendo, a pesar de que yo no le pedí ninguna receta al pastelero, me mandaba pesar los insumos de los pasteles con los pesos bien detallados y sin omitir el peso de algún ingrediente.

Al final del día terminaba muy cansado por el esfuerzo extra, pero muy feliz porque cada día aprendía algo nuevo, y aprender algo nuevo era mi mejor recompensa, algunos decían que me estaba volviendo creído como el pastelero y que yo era un traidor a mi círculo de amigos; ya que su entendimiento estaba entenebrecido, no entendían por qué yo regalaba tres o cuatro horas diarias de mi trabajo a cambio de nada.

Muchas veces mientras todos estaban afuera conversando y haciendo bromas con las señoritas de atención al público, yo estaba solo en la pastelería lavando todos los utensilios motivado por una gran razón que ahora te detallaré:

Mientras todos estaban en sus acostumbradas tardes de relajo entre bromas, coqueteos y escandalosas risas, que yo podía oír desde el taller de pastelería, en el área de pastelería me quedaba solo haciendo toda la limpieza porque le decía al maestro pastelero que se podía ir, que la limpieza era algo que yo podía hacerlo solo; por ese motivo el pastelero muy alegre confiaba en mí y entraba a ducharse y se iba más temprano que de costumbre.

Estando solo en el taller limpiaba y lavaba todo lo que me esperaba en el lavadero y luego ordenaba cada utensilio en su lugar y solo dejaba en la mesa las cremas que habían sobrado de las tortas y justo cuando ya todo estaba casi limpio, para mí era mi gran momento, porque en ese mismo instante usaba los moldes redondos vacíos los volteaba y los usaba como si fueran kekes y los forraba con crema chantilly.

Debo reconocer que los primeros intentos fueron un desastre, sin embargo, limpiaba el molde y lo volvía a decorar una y otra vez.

Se fueron repitiendo muchas noches y yo cada vez me hacía más diestro forrando los moldes, y luego continuaba haciendo diseños y detalles como flores, cisnes, perritos y otros diseños que iba creando con mucha imaginación.

No fue fácil, pero tampoco fue imposible, yo sabía que realmente valía la pena, solo necesité mucha perseverancia para lograr dominar la espátula y decorar más rápido y mejor cada vez.

Pasó el tiempo y dejaron de molestarme mis compañeros de otras áreas, pero nadie sabía el tesoro de conocimiento que yo guardaba en mi cofre de experiencias, yo estaba logrando aprender aceleradamente porque el conocimiento teórico iba acompañado de mucha práctica.

No sabían todo lo que yo estaba aprendiendo, ni mucho menos yo les enseñaba todo lo que estaba descubriendo, sabía que sería como tirar las perlas a los cerdos.

Mientras trabajaba con el anciano maestro, me dio un pequeño consejo que llego a convertirse en uno de los mejores consejos que hasta el día de hoy no me olvidó y siempre que encuentro alguna razón se lo repito a mis hijos:

El maestro me dijo:

-Sáenz, "todo lo que aprendas conmigo nadie lo va a quitar de tu mente, pero tú sí lo puedes compartir si ves que realmente se lo merecen", me gustó aquel sabio consejo y desde ese día lo guardo como un tesoro en mi corazón.

Pasaron meses y el maestro ya se iba a retirar de la empresa, lo cual anunció con un mes de anticipación para que pudieran buscar su reemplazo, y rápidamente llegó aquel día en el que se despidió de todos nosotros y se fue.

Realmente me quedé muy triste; porque yo sí lo conocía como era realmente, conocía su forma de pensar y la clase de ser humano que era él, lleno de conocimientos, pero muy celoso de su trabajo.

Al día siguiente llegó un joven que era maestro pastelero y lo trajeron directamente desde la capital, él aceptó trabajar porque fue también muy bien remunerado, ya que todos los días hacían 90 minutos de recorrido en una movilidad para llegar al trabajo.

Este nuevo integrante en vez de venir a trabajar en un carro él creía que venía volando en una nube, porque se creía una divinidad y en la hora del almuerzo era extremadamente especial para elegir el menú; la primera impresión que tuvimos todos los trabajadores fue de rechazo y conforme pasaron los días con su comportamiento nos dio las suficientes razones para mantener nuestra distancia.

Era extremadamente petulante, siempre se jactaba porque ganaba más que todos nosotros e incluso mucho más que algunos profesionales que habían terminado la universidad, y algo curioso era que él no había estudiado y no sabía leer ni escribir y todo lo que sabía era por los años de experiencia como ayudante.

Vi que había muchas técnicas nuevas que usaba y que yo debía de aprender por esa razón repetí el mismo procedimiento que realicé con el maestro anterior y también empecé a ayudarle porque sabía que siempre había algo nuevo que aprender del nuevo pastelero. Muchas veces me llamaba para leer los pedidos, sobre todo para escribir en imprenta el nombre que luego él iba a dibujar en la torta de cumpleaños.

Me llamaba también para hacer dibujos sobre la torta con la punta de un mondadientes y el maestro lo delineaba con la crema de colores y de esa manera hacíamos buenos trabajos, ya que a mí me gustaba mucho dibujar y él era un maestro decorándolo; conforme pasó el tiempo, me fui perfeccionando, uniendo lo mejor de las experiencias de ambos maestros.

Sin importar que todos los compañeros se burlaran, según ellos sonaban graciosos, pero yo los escuchaba y claramente entendía sus pensamientos conformistas y sobre todo cuando oía sus frases vulgares de siempre, pero a mí no me interesaba que dijeran todo cuanto se les ocurriera, yo tenía mi objetivo bien definido y sabía que aprender siempre que haya oportunidad era el camino correcto.

Si lo ayudaba era porque realmente me nacía ayudar, además el beneficio siempre fue para ambos, pero con la diferencia que por unas horas de esfuerzo yo ganaría el conocimiento que me preparaba para toda la vida.

Realmente fui autentico cuando ayudaba no solo porque aprendía, sino también porque me imaginaba que todas esas recetas que aprenda algún día lo iban a poner en práctica para mí; Sin saber que aquella situación en la que yo era el patito feo o él bufón del que todos se reían, ya estaba a punto de dar un giro inesperado de 180° y así de esa manera la vida se encargaría de darles una gran lección que jamás olvidarían.

El maestro siempre me llamaba para dibujar sobre las tortas o escribirle los nombres, ya que él no sabía leer ni escribir, era yo la persona indicada, y yo no perdía ni una sola oportunidad para escribir los nombres sobre la torta o realizar algún dibujo temático.

3.3 Tu generosidad de hoy, será tu bendición del mañana

Una mañana hubo un paro de transportistas justamente en la ruta de Huaraz a Caraz y el pastelero no hallaba la forma de llegar al trabajo, fue entonces cuando llamó a la oficina para decir que ese día no se iba a presentar al trabajo.

El administrador después de recibir esa llamada estaba desesperado, llamaba muchos números que había en los currículos, pero nadie sabía sobre pastelería, todos sabíamos que la pastelería era la más reconocida justamente por su gran variedad de pasteles y que el mayor porcentaje de ingresos de la empresa provenía por la venta de la diversidad de sus pasteles y ese día aún era de mañana y ya casi no había pasteles.

No demoraron en llamar los dueños y dijeron que no había nada que hacer ese día no se iba a reanudar el tránsito ya que se había declarado huelga indefinida por los mismos transportistas.

Entendí que nos quedaríamos sin pastelero; mínimo 2 días, eso era si accedían a las exigencias de los transportistas.

Dentro de mí y yo sabía que podía hacer algo para ayudar en la pastelería, pero también sabía que el conocimiento que yo tenía era en parte mucha teoría, jamás me quedé solo a cargo con esa enorme responsabilidad.

Me aterraba la sola idea de no poder cumplir con las expectativas y generaría muchas burlas de parte de todos mis compañeros, y esta vez sí fallaba, les daría motivos suficientes para que sin piedad yo sea el blanco de sus burlas y sin oportunidad siquiera para defenderme, pero respiré intensamente y después de un análisis profundo y me acerqué a la oficina del administrador y le dije:

- ¡Señor administrador!

Me gustaría que me diera la oportunidad de hacer todo lo que he aprendido por el área de pastelería, soy consciente que no tengo la suficiente experiencia que Ud requiere para ese cargo, pero haré mi mejor esfuerzo.

Hubo muchas veces que vi por conveniente ayudar al maestro pastelero y aprendí a hacer algunos pasteles que hoy lo puedo poner en práctica.

El administrador se sorprendió ya que él no tenía ni la más mínima idea de todo lo que yo había aprendido ayudando de forma voluntaria.

Lo pensó unos instantes y mirándome fijamente me dijo:

-Sáenz, has todo lo que puedas porque la gente que entre a la pastelería esta tarde va a pensar que vendemos vitrinas y exhibidoras en vez de pasteles.

-así lo haré!

le dije, y me comprometí en se momento al mayor reto de mi vida laboral hasta ese entonces!, buscaron a otra persona para que sea el ayudante provisional del panadero.

Ingresé a la pastelería y salí con un lápiz y un papel para anotar los pasteles que faltaban, y regresé sin anotar nada porque faltaba de todo; este momento era mi gran oportunidad de probarme a mí mismo que sí lo podía lograr, si lograba al fin superar mis temores.

No sé si estarás de acuerdo conmigo y tal vez quizás te haya pasado, que cuando te vez en problemas, o hay un desastre natural es cuando la mayoría de las personas nos acordamos de que hay un ser poderoso y muy especial y recurrimos a Él.

Lo primero que hice al verme en aquel enorme problema en el que yo mismo me había metido fue elevar una oración a mi Padre Creador, pidiendo que sea Él quien sea el Maestro ese día, y por supuesto yo sería su ayudante.

Estimado(a) no tienes idea de lo emocionado que estaba en ese momento, pero a la vez me sentía aterrado con la incertidumbre de cómo me saldrían los kekes, ya sabía cómo elaborar los pasteles, pero eran tantos pasteles que podía hacer que no me decidía por dónde empezar en pocas palabras me dio parálisis por tanto análisis.

Después de analizarlo muy bien, decidí ver todo lo que tenía a la mano para ir avanzando mientras los demás pasteles los programaba para la tarde.

Mi día se mejoró cuando en los estantes encontré todo lo que habíamos horneado la noche anterior planchas de bizcochuelos, vainilla y chocolate, galletas de alfajores, piononos y planchas de milhojas, todo ello me ayudó a cumplir con la primera parte de la producción porque solo faltaba batir el chantilly y rellenar los pasteles y luego me faltaría todos los pasteles decorados y las tortas.

Fue muy gratificante ver que poco a poco se iban llenando las vitrinas y las exhibidoras con las bandejas llenas de pasteles y sobre todo al sentir la sensación de que por fin se hacía justicia, ante tantos días incómodos que viví por parte de muchos de mis compañeros cuando me di cuenta que muchos compañeros de diferentes áreas incrédulos, uno a uno se acercaban a las vitrinas de exhibición y se quedaban atónitos, cada vez que yo sacaba las diferentes bandejas con diferentes variedades de pasteles.

Nadie me dijo nada desagradable, más por el contrario algunos me expresaban su admiración sobre todo el personal de ventas, y luego recibí los elogios por parte de la administración y siendo promovido como el nuevo ayudante pastelero y reemplazo oficial del maestro pastelero en sus días de descanso.

Ese día fue muy lindo para mí porque les demostré con hechos a todos y hoy te lo digo a ti: "brindar mi tiempo y esfuerzo incondicional para ampliar mis conocimientos fue mi mejor elección", entendí en pocas palabras que…
"tu generosidad de hoy, será tu bendición del mañana."

Estos son algunos pasteles de referencia que se producían….

3.4 Cuándo serás una persona agradable

Actualmente tu podrás ser testigo que muchas personas están acostumbradas a cambiar su tiempo y esfuerzo por dinero, no me atrevo a generalizar, pero yo pude encontrar que una gran mayoría, no mueven ni un solo dedo sin no hay una recompensa a cambio de algún esfuerzo y si tienes algo que ellos pueden hacer, muchos de ellos lo primero que te dicen es ¿cuánto me vas a pagar? Para que lo analicen si les conviene o no, no saben que esos pequeños gestos de ayuda desinteresada siempre hablan muy bien de nosotros como individuos, que el mejor pago que podemos recibir por esos pequeños detalles es un sincero ¡gracias!

Algo que siempre me ha funcionado a mí, para sentirme feliz de corazón, mientras yo iba vendiendo por las calles, muchas veces me encontraba con algunos niños muy pequeños que no le pedían a su madre, pero por las tristes miradas entendía que anhelaban algunos de los pasteles que yo ofrecía, entonces me acercaba por atrás, le tocaba el hombro al niño y le entregaba el pastel que con la mirada había elegido, les decía con una sonrisa ¡Dios te bendiga! y los niños se quedaban sin palabras, su madre que iba jalándoles de la otra mano volteaban y les preguntaban a sus hijos: ¿qué se dice?. Ahí reaccionaban los niños con un sincero brillo en los ojos y me decían "gracias".

Me sucedió muchas veces, yo era feliz compartiendo lo poco que tenía; muchas veces cuando iba por la feria de verduras me encontraba con niños que acompañaban a sus madres a vender verduras sobre mantas en las veredas, yo al ver directamente los ojos de los niños y de sus madres, entendía la expresión y les obsequiaba pasteles o rosquitas crocantes de manteca y me recibían muy contentos, y yo era el más agradecido porque era algo difícil de explicar el brillo de los ojitos de los niños mientras recibían los pasteles.

Sentía una felicidad en mi corazón el ser útil para brindar una sonrisa; otras personas que me gustaba ayudar eran a las personas de la tercera edad que vendían caramelos, verduras, flores. Con sus cajitas en una mano y su bastón en la otra; también ayudaba a los mendigos que deambulaban por las calles y me paraba frente a ellos y les servía una empanada, les preguntaba si lo querían de pollo o de carne, con mayonesa o picante y les servía y entregaba seguido de un "Dios te bendiga" y me iba contento porque tal vez no vendía mucho ese día, pero ese gesto me alegraba el día.

Déjame decirte el principal motivo por el cual lo hacía, era porque yo estaba seguro de que Dios lo ve todo, por eso cuando no había gente cerca de mi oraba en voz alta y decía: "Señor Jesús Tú lo ves todo y estoy seguro, que todo lo que yo haga por ayudar, Tú de igual forma ayudarás a mi amado hijo" y a todas las personas que realmente necesiten de tu ayuda.

Lo decía porque mi hijo en ese momento estaba lejos de mí y hacía mucho tiempo que no lo veía, o me recordaba cuando yo mismo deambulaba por las calles y alguna vez alguien me ofreció un plato de comida y por todas las bendiciones que llegaba para mi hijo, cuando aún estaba conmigo, por cada bendición me sentía muy agradecido.

Gracias a Dios por el talento que me dio de producir nuestra propia mercadería me daba la libertad de obsequiar, incluso muchas veces a muchas personas les faltaban unas monedas y de igual forma les entregaba el pastel sin importar que el dinero esté incompleto.

Estoy seguro de que lo mejor que podemos hacer es sembrar acciones buenas que sean motivo de alegría, la vida no está comprada y cada día es una bendición para adornarla con hermosos detalles de bondad, verás que todo lo que siembres cosecharás y si no te alcanza el tiempo en esta vida, ten por seguro que tus seres amados heredarán las cosechas de aquellas semillas que sembraste en los corazones de las personas; que no te quede ni una sola duda: Dios no es deudor de nadie y si hay una injusticia, Dios se encargará de proteger a los que le temen.

Me recuerdo que una vez, en un parque frente al estadio de Huacho "Segundo Aranda Torres", vi a un anciano indigente sentado en una banca, yo iba cargado de una fuente de empanadas calientes y el día no me iba muy bien, pero cuando lo vi me acerqué y le dije "señor le invito una empanada calientita, ¿la quiere de pollo o de carne?" él eligió la de pollo; y le di con crema y en doble servilleta. No me di cuenta, pero a mi lado apareció un niño montado en su bicicleta que me dijo: "sabes que a Dios le agrada eso que tú haces" y no me di cuenta por dónde se fue aquel niño, pero realmente me gustó ese mensaje que reafirmó mi convicción.

Mejor aún, muchas veces cuando tú seas generoso con quienes realmente lo necesiten aun sabiendo que no tendrán como pagártelo, oirás un sincero "gracias" o mejor aún un "Dios te bendiga" y sentirás un temblor en el corazón al saber que lo poco o lo mucho que entregaste, fue exactamente lo que ese alguien le pidió a Dios en su corazón.

Algo que quiero agregar es que, toda la ayuda que hagas siempre habrá alguien que te estará observando, por esa razón no hace falta que lo divulgues ni mucho menos que ayudes con la intención de presumir en las redes sociales mejor es que te vean desde el cielo que desde la misma tierra; porque Dios no es deudor de nadie y siempre multiplicará tus bendiciones al ciento por uno.

No seas víctima de tus propias excusas como muchas de las personas que piensan que para ayudar tienen que tener mucho dinero; o hay quienes dicen no ayudo porque soy una persona muy ocupada y no tengo el tiempo necesario para andar ayudando, ser instrumento de bendición es una decisión y te corresponde decidir por ti mismo.

Aprende realmente a ser feliz aceptando aún tus carencias, sobre todo sé de bendición a quien lo necesite, regálale: amor, alegría, fe, esperanza y más; para hacer todo eso sólo necesitas estar vivo.

La lección más importante que me dio la vida fue cuando decidí dar ese paso de fe, y demostrarme que podía brindar mi mejor esfuerzo y ser un pastelero, sabiendo que pude haberme quedado callado sin que nadie me reprochara por ello y continuar con mi día normal, recuerdo también que muchas veces aterrado me pregunté: ¿Qué hubiera pasado si no lo hubiera intentado?

Sin embargo, yo no me pude quedar tranquilo sabiendo que había una mejor versión dentro de mí y aunque no lo creas, esa aparente pequeña decisión, marcó un antes y un después en mi vida, ya que descubrí que tenía talento para la pastelería y de hecho esa fue mi profesión por muchos años con la cual pude mantener a mi familia y con el tiempo crear un negocio familiar.

Estimado(a) todos tenemos algún don especial, y venimos a este mundo con grandes propósitos y con muchos talentos que desde niños ya teníamos, pero conforme fuimos creciendo la influencia de nuestro mismo entorno escolar, familiar, social, cultural, etc. se encargó de convencernos que nuestros "sueños" eran sólo eso, sueños.

Desafortunadamente ellos tenían mucha influencia sobre nosotros y terminamos asumiendo que, por su acumulada experiencia, ellos deben de tener toda la razón, nos resignamos y aceptamos esas sugerencias, aunque muchas de las veces no estemos plenamente de acuerdo con ellas.

Vive cada día entregando todo tu esfuerzo por lograr tus objetivos y si vez que algo le pides a Dios una y otra vez y no se te cumple, ¡alégrate!, sonríele porque te está preparando para recibir algo mucho mejor y seas bendición para otros que necesiten de ti.

Yo estoy seguro de que todos tenemos algo muy hermoso e inexplicable que contar y muchos sabemos que son sucesos que la mente humana no puede entender y solo atinamos a mirar el cielo y decir: "gracias", porque sabemos que aun no siendo plenamente dignos de su bendición, muchas veces nuestro Padre celestial nos bendice a pesar que muchos no merecemos su amor paternal, nuestro Padre nos ama por igual, con la gran diferencia que a unos ama con un amor que alegra su corazón y a otros con un amor que le entristece el corazón.

Recuerdo que, a los 21 años, regresé a Huacho; toda la tarde estuve caminando por la avenida 28 de Julio solicitando y rogando que por favor me dieran un trabajo, entre a todas las tiendas comerciales, mueblerías y pastelerías pero solo me pedían mi número de celular o que regresara otro día, y justamente cuando ya estaba por rendirme, salió la cajera de una pastelería y me dijo que conocía una gran pastelería que podía contratarme y me dio una dirección y me dijo que ahí siempre están buscando pasteleros.

Muy alegre y con muchas esperanzas me dirigí a aquel lugar preguntando a muchas personas si conocían aquella dirección y me orientaran como llegar; caminé por más de media hora y por fin llegué a aquella dirección.

Era un Domingo por la tarde y cuando toqué la puerta, había un señor de edad que me atendió y me dijo que sus hijos y trabajadores se habían ido a jugar partido, que volviera mañana por la mañana, muy agradecido me fui directo a la iglesia a seguir orando por aquella bendición; dormí en las bancas de la iglesia y muy de mañana me fui por aquel trabajo, recién empezaba amanecer y recuerdo que aquel anciano ya tenía gran parte de todo el patio regado, me quedé esperando y vi que muchas personas empezaban a llegar, uno a uno ingresaban y yo seguía esperando, el mismo anciano me preguntó a quien buscaba, le respondí que necesito trabajar y creo que estaba de mal humor porque me dijo que estaban completos, yo le insistí y le dije que sabía de panadería y pastelería y aun así me dijo que no porque había gente de sobra, y agregó algo, me dijo que todos los jóvenes como yo, de 21 años éramos irresponsables y no dábamos la talla; yo le supliqué pero no me dio respuesta positiva.

No acepté ese no por respuesta y yo seguí esperando y me decidí que yo me quedaría, no importaba cuantos días pero yo me iba a quedar frente a ese portón hasta que me den ese trabajo, salió un joven alto y me dio una esperanza al decirme que esperara a la administradora y así lo hice, luego de un rato salió una hermosa señorita y le expliqué mi caso y me dijo que el personal estaba completo, pero ella necesitaba un personal de limpieza y accedí sin dudar, ella dio instrucciones y luego me indicó mis roles, toda la limpieza, los jardines incluso el lavado del auto de los jefes.

Todo era hermoso, ya tenía un trabajo, pero yo seguía con la fibromialgia que me limitaba moverme al 100%, pero eso jamás conté a nadie. Ella me dijo que estaba de paso en la empresa que, si algún día necesitaba ayuda que la buscara en el poder judicial; yo asistía a una iglesia evangélica y sólo tenía dos amistades verdaderas allí, ella y un amigo también cristiano.

La historia se repetía y yo de personal de limpieza pasé a ayudante de pastelería y decorados, lamentablemente mi salud se complicó porque me afectaba hasta dar pasos y el esfuerzo era mucho, que decidí empezar a vender yo mismo mis propios pasteles y así trabajar sólo lo necesario.
Estuve vendiendo empanadas y a la vez trabajaba en el área de pastelería de una reconocida cadena de supermercados. Estuve un año, pero las frías temperaturas del taller de trabajo hacían más intenso mis dolores, ese fue el motivo para emprender definitivamente y luchar por mis más grandes sueños.

Recuerdo que una vez estaba en la ciudad de Huacho, buscando trabajo aún no tenía donde quedarme y encontré un centro comercial que tenía en los cuatro pisos de arriba habitaciones en alquiler, para mí era el lugar adecuado y muy seguro desgraciadamente el requisito principal era mi documento de identificación, al no tenerlo me dijeron que no me podía quedar, yo había orado por ese lugar ya que estaba muy cerca a la iglesia que yo asistía.

Sin embargo, todo parecía que se me cerraría esa puerta, porque le supliqué muchas veces y me decía que me recomiende alguien que viva en Huacho y yo no tenía a nadie conocido.

Cuando de repente antes que me retire de aquel lugar, entró a comprar un señor muy elegante y mientras le despachaban se fijó que el dueño del lugar estaba mirando un canal cristiano y eso le llamó mucho la atención y enseguida hizo el siguiente comentario:

-Ya que ud está viendo ese canal cristiano quiero hacerte una pregunta que nadie me ha podido responder:

-Si Dios es justo, ¿por qué hay personas con mucho dinero y personas que se mueren enfermos porque no tienen dinero para comprar sus medicinas?

El dueño del establecimiento se quedó paralizado y no dijo ni una sola palabra.

Antes de marcharme de aquel lugar, tuve un irresistible impulso de intervenir en aquella conversación y se me ocurrió decirle lo que yo pensaba a aquel distinguido señor, y en seguida intervine....

-Señor si usted me permite me gustaría responderle lo que yo pienso, que sería la explicación más razonable acerca de su pregunta....

-A ver respóndeme... ¿cuál es tu aporte?

- Yo estoy seguro de que Dios es sabio y muy justo, y no me queda duda, que algún día estaremos ante El rindiéndole cuentas, pobres y ricos, que hicimos con la bendición que nos dio, y ahí Dios preguntará a los que tuvieron riquezas ¿A cuántas personas ayudaste?, o si fuiste de bendición y felicidad a los que me pidieron ayuda y yo hice que se acercaran a ti. ¿Saciaste al hambriento?, ¿distes posada al forastero? o ¿diste de beber al sediento.

Yo estoy completamente seguro de que los que tienen dinero son los que tienen mayores posibilidades de ser bendición al compartir con los más necesitados.

- ¡esa respuesta es la que más me convence!

dijo aquel caballero, me dio un apretón de manos y se fue.

Todo esto lo dije sin pensar que tal vez el dueño del comercial pudiera tomarlo de manera personal, como si fuera una indirecta para presionarlo e influir en su decisión de alquilarme una habitación.

Después que se fue el caballero, el dueño del comercial me preguntó:

¿Usted es cristiano?

-Si señor, asisto a una iglesia cristiana,

Muy alegre le respondí.

En seguida llamó a su asistente que siempre le ayudaba y le dijo que me guiara al tercer piso y sin pedirme requisito alguno me entregara la llave de ese cuarto, y así lo hizo e ingresé a aquel cuarto vacío con baño privado, el piso rojo y una hermosa vista a la calle y allí viví por mucho tiempo.

Recuerdo que entré sólo con la ropa que tenía puesta y me tocó dormir los primeros días sobre algunas hojas de periódico en el piso, usaba mi casaca para cobijarme como si fuera una frazada, pero nadie del trabajo ni de la iglesia a la que yo asistía, sabía mi situación porque yo sabía que era algo pasajero, luego de unos días una mañana muy temprano me tocó la puerta la dueña del hospedaje y me dijo que alguien había desocupado una habitación y quedaba un colchón desocupado y lo podía usar, yo quedé sorprendido porque a nadie le dije sobre mis carencias, pero me alegré mucho y acepté el préstamo.

Pasaron unos días y de la misma forma me prestaron una hermosa cama hecha de pino con diseño de dos cisnes, eso me agradó y sabía que esas bendiciones fueron la respuesta a mis oraciones.

Soy fiel testigo de las múltiples bendiciones que llegaron a mi vida, y me fui estableciendo cada vez mejor comprando lo necesario para vivir y algunas pequeñas comodidades para distraerme en mis días de descanso y luego fui de viaje a Caraz, traje a vivir conmigo a mi hermano y luego a mi madre.

Las buenas acciones siempre nos hacen ser mejores personas cada día, sabiendo que lo poco que podamos compartir pueda ser lo suficiente para alegrar la vida de alguien más.

Hasta el día de hoy me sigo preguntando porque cambió drásticamente su decisión aquel dueño del comercial, será que influyó la respuesta que le di a aquel distinguido señor, la verdad no lo sé, de lo que si estoy muy seguro es que a partir de ese día mi vida cambió porque no sólo trabajaba para otras personas, sino también trabajaba en mi propio emprendimiento saliendo a vender pasteles dulces y salados.

Muchas personas me veían con lástima y muchas veces no dormía las horas necesarias, pero siempre estaba enfocado en que esa etapa difícil, era sólo una parte del camino; mi visión era poner un negocio propio y realmente con mucho esfuerzo y sobre todo con mucha bendición para mi familia, logré conseguir muchas cosas materiales, quizás las bendiciones fueron mucho más de lo que yo pedí y en alguna parte del camino me descuidé de la comunión con mi Padre creador.

Tomé decisiones incorrectas que cambiaron el rumbo de mi destino. Confiando humanamente en mi propia prudencia traté de levantar otros nuevos proyectos en cuatro ocasiones usando como garante el historial crediticio de la panadería, obtuve grandes préstamos de bancos y amistades que confiaron en mí, y emprendí negocios que no eran mi especialidad.

Digo que no fueron mi especialidad porque muy emocionado continúe emprendiendo en el negocio tradicional empezando por un restaurante; ahora pienso, que sabía yo de restaurante si lo que sabia de cocina era como para no morirme de hambre, pero no para restaurante cuando quebré emprendí en una juguería, pero corrí la misma suerte, tenía mucho entusiasmo en que me iba ir muy bien, pero no tenia el conocimiento necesario, mas no lo entendí en ese momento y volví a emprender en una cevichería, te imaginas un pastelero preparando ceviches, eran deliciosos los ceviches, pero no era mi profesión.

Estaba seguro de que el emprendimiento era la mejor opción para sobresalir y de esa forma hacer realidad el sueño de un niño que soñaba con pagar las deudas de sus padres y comprarle una casa a mamá, pero algo no iba bien porque ahora era yo quien se ahogaba en las deudas; más me dolían porque mis hijos volvían a padecer lo que yo viví en mi niñez, un mundo sumergido en carencias comprando solo una parte de lo importante y necesario.

A pesar de que tenía toda la actitud mental positiva para sacar adelante cualquier emprendimiento, desafortunadamente no tenía el conocimiento necesario de esos nuevos proyectos para los cuales yo nunca me preparé, eso me trajo devastadoras consecuencias como, por ejemplo, unos grandes endeudamientos financieros con los bancos y además perdí la amistad de verdaderos amigos y todo por una mala decisión que afectó directamente a mi vida familiar.

CAPÍTULO 4

EL TAMAÑO DE TUS MIEDOS LO CREAS EN TU MENTE

Hace muchos años tuvimos una desagradable experiencia, y digo tuvimos porque yo ya compartía mi vida con alguien que en ese momento pensé que sería parte de una vida maravillosa.

Los días pasaron, yo ya tenía un trabajo fijo en la pastelería, trabajábamos por el día y estudiábamos por las noches, en plena convivencia, los resultados de nuestra forma de criarnos empezaron a resaltar y los problemas salieron a relucir y no eran simples los problemas que teníamos como cualquier hogar sino extremadamente intensos, originados por situaciones realmente insignificantes y sin sentido.

En fin lo realmente importante fue una noche de terror que pasamos, durante el día todo había transcurrido con mucha normalidad, como siempre llegábamos del trabajo a una habitación que habíamos alquilado, cenábamos y luego estudiábamos por las noches, muchas veces nos hacíamos tarde en el trabajo y ya no había tiempo como para cenar, sino hasta después de volver de estudiar, muchas veces tomar entre los dos una botella de yogurt con unas galletas eran más que suficiente; precisamente ese día cenamos en la calle y volvimos a la habitación exhaustos después de un largo y agitado día.

Mientras dormíamos en la madrugada empezaron las horas de terror que jamás conté, todo lo sucedido aquella noche traté de olvidar, pero creo que llegó el momento de hacerlo parte de la travesía de un gran líder.

Hoy te quiero contar detalladamente, todo empezó cuando nos despertamos al sentir que había algo debajo de la cama que se movía desesperadamente de un lado a otro y no sabíamos que era, la luz estaba apagada y el interruptor de la luz estaba a un costado de la puerta.

En ese tiempo no teníamos celulares para pedir ayuda ni vecinos cercanos que puedan venir a nuestro socorro, sólo reaccionamos y por instinto nos acomodamos al medio de la cama sintiéndonos más seguros de esa manera, no sabíamos que era por un momento pensé que se trataba de una serpiente muy grande ya que se movía fuertemente y hacía unos sonidos como un cascabel cuándo agita la cola.

Por momentos yo me armaba de valor y quería saltar de la cama y así descalzo correr hacia la puerta y prender la luz, pero por otro lado sonaba como si hubiera cables de luz sueltos haciendo corto circuito y me aterraba la idea de morir electrocutado.

Solo nos susurrábamos y no hacíamos ningún movimiento para que esa cosa no se dé cuenta que estábamos sobre la cama y suba por nosotros, nos quedábamos callados pensando que se iría, y yo me ponía a pensar cómo se irá del cuarto si no sabemos por dónde entró, o quizás pudo entrar durante el día, pero ¿cómo?

Realmente fue tan grande el miedo que tuvimos en ese momento que nos paralizó, la idea de que había algo muy grande que corría desesperadamente debajo de la cama fue aterrador y no sabíamos que era; por momentos cesaba y esperábamos en silencio hasta confirmar que ya se fue, sin embargo, cuando pensábamos que ya se había ido empezaba nuevamente dando unos latigazos a la frazada que colgaba por los costados de la cama.

No calculo exactamente cuánto tiempo pasó, solo que fue más de una hora sufriendo, escondidos en medio de nuestra cama, fueron tantas cosas que pasaron por nuestra mente como por ejemplo que era alguna especie de espíritu o demonio que esperaba que alguien baje de la cama para que nos haga daño.

Lo único realmente cierto es que había algo muy grande debajo de nuestra cama. Y aunque nosotros para ese tiempo ya asistíamos a una iglesia, y se suponía que teníamos una fe inquebrantable, sin embargo, a la hora de la verdad el temor fue creciendo hasta que el pánico se hizo más grande que nuestra fortaleza y terminamos temiendo a esa cosa que estaba metido debajo de la cama porque era tan real, que podíamos escuchar sus movimientos y sus latigazos.

Pasó la hora y seguíamos oyendo en plena oscuridad los latigazos intermitentes a pesar de todo yo quería bajar, pero mi pareja me decía que por favor no arriesgue mi vida que esperemos a que amanezca, cansado de la angustia no le hice caso y decidí para bien o para mal saltar al piso cerca al interruptor y prender la luz, y me acerqué a la orilla de la cama me prepare para saltar y correr a prender la luz y en un segundo salté y di un paso muy largo y prendí la luz y rápidamente me agaché para alcanzar ver debajo de la cama a aquel aterrador monstruo que seguía moviéndose con gran desesperación.

4.1 Tu mente crea todo aquello que no entiende ...

Grande fue mi sorpresa al ver que debajo de la cama había una botella de yogurt que unos días atrás habíamos comprado y no la habíamos abierto y esta botella de plástico se había caído de la repisa y se metió rodando debajo de la cama y al pasar los días se había vencido y por la temperatura del ambiente se hinchó de tal manera que la botella se había deformado, se hizo un pequeño agujero y el yogurt salía con una presión que le hacía correr por todos lados debajo de la cama y a la vez hacía un fuerte sonido que se asemejaba al rugido de algún feroz animal.

Era increíble, instantes atrás estábamos aterrados y ahora estábamos ahogados de la risa, comprendiendo que de ser inocente a ser un tonto hay una línea muy delgada que muchas veces no la podemos distinguir.

Si bien esta historia te puede parecer muy graciosa, fue algo muy real que jamás conté por vergüenza; hasta hoy que me doy cuenta de que fue necesario incluir en este libro, porque estoy seguro de que, así como yo me encontraba paralizado por todas las atrocidades que en mi mente se creaban una tras otra y todas eran explicaciones irracionales que no tenían ningún sustento real.

Vale decir que al no saber qué sucedía debajo de mi cama, mi mente creó una serie de pensamientos que generaron emociones negativas que terminaron por paralizarme por completo.

En nuestra realidad siempre vamos a ver personas que se quedan paralizados, pero no por horas como fue mi caso, sino días, meses, años y muchas veces casi toda una vida; anhelando con toda su mente y corazón cambiar sus estrellas, porque su desdichado destino les aflige constantemente y lo peor es que no sólo a ellos les afecta, sino también a sus seres queridos que les rodean y se vuelven sin querer víctimas también por sus miedos a lo desconocido, o se dejan influir por los temores paralizantes de otras personas ante las grandes oportunidades que nos brinda la vida, como por ejemplo ante algún nuevo emprendimiento, ante una gran oportunidad laboral, o quizás el sueño de la casa propia, o lo que sea más importante para ti.

4.2 Visualiza primero en tu mente tus sueños.

Algo sorprendente que he notado es que nuestra mente no sólo crea todas esas atrocidades que nos paralizan, también es una maravillosa máquina que nos brinda la capacidad de soñar y crear, como dije anteriormente, todo lo creado por el hombre incluyendo el avance de la gran tecnología de esta era super avanzada, fue creado dos veces.

Las más importantes creaciones fueron creadas por personas visionarias como un ambicioso proyecto de vida, nació en la mente como un sueño y luego agregaron un ardiente deseo el que, acompañado con mucho esfuerzo, sacrificio, perseverancia, dio como resultado un sueño hecho realidad.

Hoy en día podemos disfrutar de todo el avance científico, creaciones que hace muchos años atrás jamás hubiera pensado que existirían, sin embargo, la inteligencia humana no ha llegado a su límite y a esta velocidad que va, estoy seguro de que en los siguientes años habrán nuevos descubrimientos que hoy no tenemos ni idea que sean posibles.

A lo que trato de llegar es que tú entiendas que nuestra mente es algo maravilloso que Dios nos dio para tener la capacidad de crear y tú tienes todo el poder de decidir qué es lo que quieres crear, obras de impacto que influyan a ser cada día un mundo mejor, que tu familia, tu ciudad, tu país, que el mundo hable bien de ti y te recuerden por todas las acciones positivas que hiciste, y por el gran legado que dejaste; de igual forma te recordarán negativamente, si decides hacer todo lo opuesto.

Haz un alto en tu vida, reflexiona cuál es tu talento o qué es lo que mejor sabes hacer y te hace feliz y descubre qué es aquello que te impide lograr hacer realidad tu sueño.

Tal vez seas tú el principal obstáculo porque te pones excusas tras excusas siempre bajo ese pobre argumento pesimista, pero muy creído por muchas personas te dices "no soy pesimista, lo que hago es ser realista" y no te imaginas cuantas personas han renunciado a sus más anhelados sueños, quizás una casa, un coche, viajes, crecimiento empresarial, etc.

Todo porque vieron con sus ojos las circunstancias actuales y al ver que todo estaba en su contra decidieron resignarse y renunciaron a sus más preciados sueños.

Un claro ejemplo de superación es una persona que ha luchado aún cuando todas las circunstancias estaban en su contra y ha logrado superar sus metas una tras otra hasta lograr que sus sueños se hagan realidad, y no me malinterpretes; no quiero decir que no vayas a tener caídas, de hecho las caídas aunque no lo creas son necesarias, porque aprendemos más de nuestros errores y nos preparamos mucho más y serás más experimentado conociendo exactamente los siguientes pasos que debes dar.

Una pequeña comparación que te puedo sugerir sería que te imagines la **visión realista de tus ojos** en tus circunstancias actuales, como si fuera el brillo de una vela, y lo compares con la **visión de tu mente creadora** como si fuera el brillo de un poderoso faro de luz, y si perdieras una moneda de oro en el camino con cuál de ellas tienes mayor esperanza de encontrarla?, es más estoy seguro de que con la luz del faro la moneda brillaría a cientos de metros de distancia.

Así es cuando ves tu mundo de una manera realista, sin tomar en cuenta el brillo de nuestra poderosa mente creadora que aprende de sus errores; por eso has un alto, date unos minutos a solas, cierra tus ojos e imagínate en tu mente qué es lo que realmente siempre deseaste e imagínate lográndolo, proyéctate al futuro sintiendo que ya lo conseguiste, que digas valió la pena todo el esfuerzo que hice y siente tu corazón palpitar aceleradamente y enfócate en ese sueño realizado, y vívelo con tus ojos cerrados no pienses en nada más que en ese momento de gloria viendo que tu sueño lo hayas logrado en un periodo determinado.

Si es una casa imagínate entrando y abriendo las puertas de cada habitación, sintiendo el olor a pintura fresca, imaginándote el color de cada habitación y todo, las decoraciones que le harás a tu nueva casa, ponle el color de las cortinas y el tipo de flores que quieres ver florecer en tu propio jardín, rodeada de las personas que amas, eso es soñar.

No tienes idea de todo lo que puedes conseguir imaginando, conscientemente estarás guardando información en tu subconsciente y tu mente atraerá una serie de eventos para volver a revivir esas emociones que sembraste de igual forma si tu sueño es un coche último modelo, cierra tus ojos e imagínate manejándolo, sintiendo el viento deslizarse sobre tu rostro
la suavidad de los asientos de cuero original, imagínate tu coche estacionado en la puerta de tu casa y encendido el potente stereo con la música que más te agrada, por nada del mundo te detengas!

Imagínate cada detalle de aquello que realmente sea importante para ti y los que amas y si logras acelerar tu corazón y hasta sientes que te hace feliz estarás por buen camino, eso es soñar, repítelo constantemente hasta que tu mente subconsciente se lo crea completamente; hay una ley que más adelante te quiero hablar y funciona de forma directa con nuestra poderosa mente.

Si crees que esa práctica es de locos y de personas fuera de lo común, piensa en que todas las personas que dejaron una huella en el mundo y trascendieron para la historia, fueron personas fuera de lo común que ahora se los recuerdan como los grandes creadores o inventores; pero en algún momento de sus vidas fueron víctimas de burlas aparentemente por no pensar como las personas normales, ya que para el resto del mundo todos estaban locos, los grandes genios al principio se les confundía con personas faltos de lucidez.

4.3 El poder de la mente

Tú tienes una maravillosa mente, y hoy te quiero hablar solo lo básico, aprende a utilizarla al 100% para conseguir los máximos resultados. Tenemos la mente consciente (racional) y la mente inconsciente (irracional).

Algo muy eficaz para empezar a desarrollar tu mente al máximo nivel es empezar a desarrollar una mente con mayores actitudes mentales positivas, de este modo toda creatividad mental te resultará muy realizable, no importa los patrones mentales que hayas desarrollado por muchos años o la programación genética que tengas, si deseas ser tú el punto de cambio así será.

Aprendamos de cómo los salmones hacen una larga travesía río arriba superando las adversidades y arriesgando sus vidas, para que puedan desovar en un lugar adecuado para la sobrevivencia de sus alevines y de esa manera perpetuar su especie.

Tú puedes romper aquel eslabón mental negativo que te ata y a partir de una sola decisión que tomes empezar una nueva vida, tu vida tendrá otro sentido cuando veas todo el potencial que tienes cuando uses tu poder mental.

El poder de la mente es tan poderoso que tiene influencia sobre todo lo que hacemos de manera consciente e inconsciente muchas de las cosas que nos suceden las atraemos sin desearlo realmente, incluso las que no deseas que pasen, ya que estás enfocado en que "**no**" te pase, tu mente elimina esa palabra "**no**" y piensas justamente en lo que deseas evitar, por ejemplo, si te digo:

"**no pienses en las olas del mar**" ...Seguramente has imaginado las olas moviéndose una tras otra; puedes probar ese reto y decirle a alguien que te haga prohibiciones de pensar en personas y objetos o lo que tu deseas y verás que nuestra mente no distingue la palabra "**no**".

Aprovecha entonces que puedes pensar en todo lo que tú quieras de manera positiva, hasta las malas noticias que te puedan pasar, suceden por algo; busca el lado positivo de todas las cosas que suceden, absolutamente de todas. Y encontrarás algo sorprendente que nunca habías notado.

Tal vez te sea muy complicado pensar en todo bonito y positivo, pero hay un secreto y es que te puedes acostumbrar a ser más positivo paso a paso cada día.

Uno de los grandes tips que ha funcionado a muchas personas es una sesión de agradecimiento cada mañana, si, tan simple como eso y si te gusta orar mejor aún, ora agradeciendo el nuevo día que siempre te da la opción de hacerlo mucho mejor que ayer, y repite afirmaciones positivas, como por ejemplo todas las metas que lograrás hoy, afirma mejores relaciones familiares, agradece a las personas que están a tu lado, agradece por el día soleado que tienes y si está nublado agradece también porque hay personas bajo el inclemente sol que se alegrarán, agradece porque esta mañana vistes más hermosas las flores de tu jardín, y por las mejores relaciones familiares, sociales y laborales.

Agradece por todo lo que te rodea somos hijos de un Dios de abundancia, y podemos reclamar esas bendiciones.

Mírate al espejo, ¡lo tienes todo! para conseguir lo que quieras y si tienes una autoestima baja, solo recuerda que hay personas que entregarían una fortuna por aquello que tú hoy no valoras; así es que solo hace falta tu decisión y un fuerte compromiso de no rendirte, grita y si es necesario repítelo: **¡yo puedo! ¡Yo puedo! ¡yo puedo!** Y no me rendiré fácilmente y si hoy caigo mañana me levantaré más fuerte.

Prométete a ti mismo, realmente te lo debes ya que muchas veces los roba sueños les acortaron las alas a tus sueños y desde ese día dejaste de soñar, pero la decisión final de volar o no está solo en ti.

Las personas que han logrado dejar un legado en toda la historia de la humanidad son personas resilientes que no se dejaron vencer por las adversidades y enfocadas en sus metas siguieron adelante en busca de lograr su visión que cambió al mundo.

Para tener un estado óptimo de actitud mental positiva tenemos que entender algo en la que muchos están equivocados y eso les ha traído graves y devastadoras consecuencias; muchos creen que primero tienen que **tener**, para luego **hacer** y finalmente **ser.** Es por eso por lo que muchos no han logrado encontrar la magia que encierra nuestra mente.

Hoy te digo que comprendas que tienes que enfocarte primero en tu **ser**, para empezar, trabaja en tu autoestima ese es el punto inicial, lee libros y oye audiolibros para elevar la autoestima mientras desarrollas tus actividades cotidianas o laborales y enfócate en qué es lo que quisieras lograr un puesto más elevado, un negocio propio, desarrollar tu liderazgo y expandir tu proyecto de vida, sea cual sea tu propósito trabaja en tu **ser** esto implica actuar como tal, pensar como tal, ser puntual, vestir como tal, pero sobre todo más que el aspecto físico es el aspecto mental que trabajes tanto primero en tu ser que inconscientemente estés preparado.

Es increíble todo lo que puedes lograr cuando dominas e influyes con tus pensamientos, si te fijas minuciosamente ya se han escrito cientos de libros hablando acerca del poder de la mente, así como hay leyes que rigen la vida hay una gran ley muy poderosa que se llama la **"ley de la atracción"**

4.4 Cómo dominar la ley mental de la atracción

La ley de la atracción la utilizamos todos consciente e inconscientemente; y creemos que esta ley sucede de forma natural en nuestras vidas, sin saber que nosotros atraemos mediante la mente todo lo que nosotros pensamos ya sean pensamientos positivos o negativos.

Mejor dicho, que conforme tenemos ciertos pensamientos y realizamos ciertas acciones, generamos una frecuencia, que instantáneamente se envía al universo y éste nos lo devuelve, y eso regresa a nosotros como eventos bajo esa misma frecuencia, si pensamos y realizamos acciones buenas atraemos lo mismo.

Si hacemos todo lo contrario, sólo acarreamos eventos adversos y todo el día te viene una serie de sucesos, que definitivamente te hace decir "hoy no es mi día". Algunas veces conocemos a personas que siempre les va bien en todo y decimos:

¿porque siempre les va bien?, eso es porque muchas personas han logrado descubrir que mucho de lo que nos sucede durante el día es producto de nuestros pensamientos positivos, que lo atraemos aún sin desearlo.

Entonces si atraemos lo que pensamos, por qué no dedicar unos minutos por las mañanas a pensar en cómo queremos que sea nuestro día, sé que para muchos después de esa meditación de buenos deseos, les será difícil mantener esa actitud durante el embotellamiento, en pleno semáforo camino al trabajo hará que tires todo al tacho de la basura.

Pero no te rindas, la ley de la atracción es una ley que no cambia siempre está a ahí; seguramente has oído la física la describe como *toda acción, tiene una reacción*; la ley del bumerang dice que *todo lo que envías, regresa*. La ley de la gravedad dice *todo cae por su propio peso*; el sembrador *cosecha lo que siembra* y *todo lo que das, recibes*. tan sencillo como eso es la explicación.

El karma existe y es una ley de causa y efecto, que determina, todo lo que pensamos y decimos son las causas y todo el resultado como consecuencia, son los efectos.

Nuestras experiencias actuales, deseadas o no; son solo efectos, la ley del karma nos enseña que obtenemos los efectos de las incontables acciones que cada uno ha realizado en el pasado.

Algunas personas disfrutan de buena salud y otras están constantemente enfermas y quizás muchos de ellos sabiendo perfectamente, qué es lo que deberían de hacer o en muchos casos saben que deberían dejar de hacer para no padecer; también sabemos que algunas personas son consideradas muy agradables, y otras, no tanto, y no tiene nada que ver el aspecto físico o intelectual.

Muchas personas tienen un carácter alegre y te caen muy bien desde el primer encuentro y quizás aun no entablas una conversación, pero sientes que hay una afinidad y sobre todo son más fáciles para entablar una bonita amistad, mientras que otras personas siempre pueden estar de mal humor y difícilmente se alegran.

Ser feliz, es tu decisión, tú decides hasta cuando dura tu felicidad, eso me quedó muy claro cuando trabajé repartiendo embolsados a las tiendas en las zonas de Huacho y Barranca.

Cuando un día fui a repartir panes y bizcochos embolsados; y llevé a una tienda varios paquetes de bizcochos y la dueña empezó a revisar uno por uno los paquetes, ya estábamos retrasados, yo estaba impaciente y la señora dijo: cámbienme esta bolsa de biscocho, yo le dije señora discúlpame, pero esa bolsa es exactamente del mismo lote que los otros, pero ella era muy insistente y me dijo: yo tengo años trabajando con esta panadería y a mí no me engañan; yo ya estaba perdiendo la paciencia y quería recoger todo y retirarme, cuando mi compañero que manejaba se acercó y la dueña le dio la misma queja, dijo ok señora no se preocupe ahora mismo se lo cambio, fue al carro y yo fui atrás de él y le dije, pero si es el mismo lote y me dijo mira y aprende; lo único que hizo sin que viera la señora fue ligeramente aplastar los biscochos por todos los costados y luego le entregó la misma bolsa, la dueña lo tocó y dijo esto es otra cosa, ya vez a mí no me pueden engañar, y mi compañero me dijo el cliente no siempre tiene la razón, pero siempre tiene la decisión; de comprar o no.

Hace años hubo una persona que desde muy joven que trabajo como ayudante panadero y pastelero y durante muchos años fue humillado por muchos maestros pasteleros que se llenaban de orgullo diciendo:

yo tengo 40 años trabajando, de panadero otros decían tener más de 30 años de experiencia y nombraban uno a uno a casi todas las panaderías de su ciudad e incluso alguna vez se topo con varios que toda la vida fueron panaderos y murieron siendo panaderos.

El caso es que el joven tenía un sueño y este no era trabajar para construir sueños ajenos, sino sus propios sueños y con mucho esfuerzo y trabajo constante sin importar los obstáculos llego en algunos años a crear una panadería con todo el equipo de panificación completo tanto así que muchos de los que fueron sus maestros y compañeros en antiguos trabajos llegaron a su panadería pidiendo trabajo y no solo eso.
en algunos casos los que algún día fueron sus maestros, llegaron buscando trabajo y fueron contratados como los ayudantes de aquel joven emprendedor, que no se conformó con trabajar para otros sino trabajo para construir su propio sueño.

Este es claro ejemplo de la ley del enfoque, porque esa persona no solo tubo que trabajar desde muy joven para otros, sino también salía a vender una fuente de empanadas como ambulante y el no se enfocaba en su presente lleno de burlas y miradas de menosprecio, ese joven tenía la inquebrantable convicción que no era otra cosa que una gran **fe** aferrándose a un futuro mucho mejor viendo realizado sus anhelados sueños.

Yo, escribiendo este libro doy fe de ello porque aquel joven soñador y con mucha fe era yo.

CAPÍTULO 5

CÓMO SUPERÉ MIS PRIMEROS TEMORES

Tenía 6 años, cuando mis padres llegaron a trabajar a un fundo que le llamaban "El Bosque" porque literalmente era un bosque que por las noches me daba mucho temor el sonido de los inmensos eucaliptos, los pinos, los sonidos de los animales nocturnos, por el día era un lugar hermoso y muy tranquilo; nuestra nueva casa hecha de esteras estaba a un lado de la carretera y había un canal de regadío hecho de cemento que bordeaba toda la carretera.

Las casas vecinas estaban cada 30 minutos aproximadamente y la movilidad para ir a la ciudad de Huacho, pasaba por esa carretera tres veces al día en la mañana al medio día y en la tarde, era lamentable si alguien perdía el colectivo de la tarde, porque se tenía que quedar hasta el siguiente día; hoy en día ha cambiado todo eso, ya todo es pista hay un pueblo muy grande y hay movilidad todo el tiempo.

Para mí estudiar era un poco sacrificado, porque para llegar al colegio debía de caminar todos los días dos horas, además no había quién me acompañé, el primer día de clases afortunadamente pasaba por la carretera un niño un poco mayor que yo y mi mamá me dijo que nos acompañáramos y así fue los primeros días, luego ya hice un grupo con una niña y sus hermanos y cada mañana nos acompañábamos.

Así fue un tiempo y luego con el cambio de gobierno crearon un nuevo colegio a 15 minutos de mi casa eso era una buena noticia, pero no me duró mucho la alegría porque mis padres dejaron de trabajar para el fundo "El Bosque" y una empresa nos llevó a vivir a una tenebrosa quebrada que paradójicamente quedaba más cerca de mi antiguo colegio y ahora volvía a caminar más tiempo cada mañana para ir a estudiar.

5.1 Cómo enfrentar y vencer mis miedos

Recuerdo que todavía vivíamos en el bosque y mis padres trabajaban cosechando espárragos y mi trabajo era cuidar los animales, gallos y gallinas, y hacer mis tareas escolares, no había mucho que cuidar ya que los animales domésticos estaban libres y cuando las gallinas desaparecían en el bosque ya sabía que en unas semanas iban aparecer con más de 15 pollitos cada gallina, de esa manera aumentaron muchos.

Claro eso sucedía si yo no encontraba el nido dentro del bosque, porque recolectar los huevos en una canasta era mi otra ocupación; para ello hacia un arduo trabajo de inteligencia y seguimiento continuo a la gallina que cacareaba para ubicar su nido dentro de los troncos secos, me había vuelto un experto a esa edad ya que mis blancos eran detectarlas a la hora de darles el alimento; que por cierto básicamente todo giraba sobre el camote, y para conseguirlo empezábamos nosotros dando el ejemplo.

En la mañana camote frito, al medio día el camote sancochado acompañaba a la sopa, por las tardes nuevamente camote frito y los perros guardianes también complementaban su alimentación con camote sancochado, las vacas, los caballos con hojas de camote y espárragos y los cuyes con hojas de camote y las gallinas y gallos maíz combinado con… adivina con que… si, exacto camote, pero eran más especiales y recibían otro trato especial porque a las aves les picábamos el camote en cuadritos y eran engreídas porque a la hora de llamarles no todas venían, sobre todo las que tenían sus pollitos porque preferirían rascar la tierra y comer las lombrices y las hierbas que germinaban.

Por el día era muy lindo, un paisaje muy tranquilo no había niños con quien jugar y a menudo siempre me dedicaba a cuidar todos los animales domésticos menores ya que de las vacas y los caballos se encargaban los adultos, todo estaba muy bien hasta que noté que poco a poco iban desapareciendo algunas gallinas y a pesar de que pasaban las semanas no aparecían y luego me di cuenta había un depredador al encontrar sus plumas. Yo era el guardián y a esa edad tenía que enfrentarme a aquel depredador por primera vez.

Como encargado de los animales, me perjudicaba mi trabajo, estuve pendiente hasta que un día corrí cuando una gallina gritó y pude ver que era un zorro que se llevaba en el hocico una gallina, entonces entendí que ese era el motivo de las bajas plumíferas.

Y los perros estaban entretenidos en sus cosas o se iban con los trabajadores al campo, encontré un cuchillo muy largo de esos que los llamaban mata chancho y esperé al día siguiente y cuando oí gritar a la gallina corrí y efectivamente era un zorro que corría con una gallina en el hocico, sin dudarlo corrí tras el malhechor salvaje y él se dirigía hacia el cerro y le seguí corre y corre y para darme valor vociferaba todas las lisuras que ya había aprendido hasta los 6 años.

Creo que el zorro ya sabía que era cuatro veces más veloz que yo porque empezó a jugar con mis emociones, ya que llegaba a una cierta distancia se detenía y luego se volteaba, me miraba cómo yo corría y cuando ya estaba más cerca volvía a correr y luego se detenía y así me hizo varias veces hasta que me vi que estaba muy lejos de casa y decidí regresar. Poco a poco a los perros guardianes los adiestramos y así logramos controlar a los zorros.

5.2 Un día con mucho dinero

Todas las mañanas tenía que caminar dos horas, salía de casa a las seis de la mañana y llegaba al salón a las ocho
de la mañana y del colegio me demoraba otras dos horas para llegar a la casa,

recuerdo que muchas veces llegaba más de las tres de la tarde llegaba muy cansado y hambriento.

Muchas veces fui sólo a mi escuela ya que lo único que tenía que hacer era seguir por todo el camino bordeando todo el canal de regadío; recuerdo que una vez estuve yendo por la carretera y pasó una camioneta de algún empresario y de repente salieron volando por la ventana del conductor unos papeles y el carro siguió su marcha, al ver que cayó al suelo me acerqué y vi que eran muchos cheques y reconocí que tenía la foto de Miguel Grau y Antonio Raimondi, eran casi diez millones de intis que llevé al colegio, yo sólo conocía los servicios higiénicos y ese día por primera vez conocí el cafetín del colegio.

Bueno eso fue en el pasado y ya no tiene mucha importancia y aunque esté presente en una de mis conferencias el chofer de la camioneta, dueño de esos millones de intis, si me los cobra al cambio de hoy…seguro le alcanza para un six pack de latas de leche.

Todo ese día todos mis compañeritos hablaban de mí porque yo tenía más de 10 millones de intis con 6 años, eso era algo inusual cuando me compré unas galletas y me dieron tanto vuelto que lo tuvieron que llenar en una bolsa para que no se me pierda el dinero.

Ese día hubo un alboroto en el colegio porque vi que los profesores y el director iban y venían y yo no sabía ¿por qué? Me dieron una hoja escrita para entregarles a mis padres y así lo hice y una vez que les conté a mis padres lo sucedido, ellos escribieron otro comunicado que no sé qué decía.

Por primera vez andaba con tanto dinero que para ese tiempo si era plata, pero al día siguiente regresé
al colegio y ya no volví al cafetín mis padres me decomisaron la suerte, y yo feliz de haber contribuido a la economía de mi casa.

Hace poco le pregunté a mi madre y me dijo que no se acuerda qué fue lo que escribieron exactamente para justificar ese incidente a la dirección del colegio.

CAPÍTULO 6

CÓMO FORMARSE LÍDER

Continuando con mi historia, ya vivíamos unos meses en esa tenebrosa quebrada y al ver que eran campos por sembrar no había mucho que elegir para nuestra alimentación, es por eso por lo que yo desde esa edad tomaba una bolsa y me iba muy lejos por los campos aledaños a buscar algún producto para rastrojear.

Muchas veces ayudaba y me regalaban frutas, otras veces naranjas o pacaes, cuando no hallaba a los dueños del campo, buscaba campos ya cosechados y entraba a buscar algo que pudiera servir para mi casa, mi favorito era hallar camotes porque era más fácil hallarlos, ya que cuando entraba en los campos que ya tenían varios días de cosechados, los camotes que se quedaban empezaban a retoñar y yo buscaba esos pequeños brotes y muchas veces eran camotes con más de un kilo de peso.

Eso era grandioso porque sabía que eso significaba un buen desayuno, eso se repetía muchas veces, otras veces no hallaba nada y me regresaba decaído, pero en el camino iba recolectando pasto para los cuyes y así llegaba con algo a la casa, otras veces llegaba con mucho, muy cansado, pero muy feliz.

Para describirte un poco aquel lugar, nosotros vivíamos en unos cuartos de quincha, era carrizo trenzado y barro, a la orilla de una larga quebrada, era muy tenebrosa tenía un ancho de cuarenta a cincuenta metros aproximadamente esa quebrada, estaba llena de arbustos y mucha maleza

por las noches se oían sonidos de animales extraños, era muy atemorizante además no había luz y por las noches nos alumbrábamos también con mecheros o chiuchi
hechos con botellas de cristal, o latas de leche, una chapa, y una mecha y funcionaba con kerosene.

La quebrada estaba básicamente cubierta por una planta conocida como pájaro bobo, todo el ancho de aquella larga quebrada estaba cubierto también por carricillos y gramalotes y justo por el medio de todo el tramo pasaba un riachuelo que estaba muy escondido, cubierto por toda esa vegetación.

En ese riachuelo había peces, pero el acceso era imposible, al lado de la casa el riachuelo estaba cubierto de plantas y maleza, de allí sacábamos el agua para cocinar y para que mi madre lave la ropa; el agua me llegaba hasta las rodillas y había un pequeño puente de tres palos que lo usaba cada mañana para ir al colegio el próximo puente estaba a más de una hora riachuelo arriba.

6.1 Formando tu primer carácter

Una vez estábamos durmiendo cuando de repente la gallina empezó a gritar desesperadamente, mis padres se levantaron de inmediato y el grito ahora era de un desesperado pollito porque algo se lo llevaba adentro de la quebrada entre el carrizal, y mis padres salieron tomando una linterna de mano que teníamos para regar cuando el turno de riego era por las noches, ellos pensaron que yo aún estaba dormido y salieron presurosos sin decirme nada, yo ya estaba despierto y me dio mucho temor la absoluta oscuridad después de ese escándalo y no sabía si quedarme sólo o salir tras mis padres que ya estaban por la orilla de la quebrada, lo pensé rápidamente y el miedo de quedar solo, hiso que fuera detrás de mis padres.

Empecé a seguirles yo caminaba con mucho temor siguiendo el brillo de la linterna de mis padres que estaban adelante y mis padres seguían los gritos del pollito, y ya cuando estaba a 20 metros aproximadamente para alcanzarles entre los carrizales y entre la penumbra algo se apareció delante de mí, pude verlo entre penumbras y tenía la forma de un lobo o un perro negro muy grande que estaba frente a mi mirándome fijamente y recuerdo que yo no pude gritar, sentí que mi cabeza se hizo muy grande cuando esa cosa se empezó a levantar como cuando un oso se levanta en dos patas, de allí no recuerdo nada ni siquiera como llegué a la casa, no recordaba nada, luego asumí que lo soñé y no le di mucha importancia.

Hasta después de casi 30 años que hablando con mi madre sobre esos tiempos, para no olvidar ningún detalle en mi libro, llegamos a tocar el tema y ella me cuenta que en esa quebrada había algo y me contó sobre esa experiencia que yo pensé que era un sueño, además me dijo que ella había visto algo que se le apareció en la penumbra y luego se levantó en dos patas ¡era justamente lo que yo había visto!, en ese momento me di cuenta que no fue algo que yo soñé, fue completamente real.

Mi madre por el día trabajaba cocinando el almuerzo porque daba pensión a varias personas que trabajaban limpiando el terreno, quemando la maleza para las siembras y mi padre se dedicaba con las demás personas que venían de las casas aledañas a crear más canales para ampliar el trayecto del agua y verdear más tierras y yo después del colegio, me tocaba hacer mis tareas y alimentar a los cuyes, para eso en las tardes me iba muy lejos a buscar el pasto; siempre tuve curiosidad si podía sacar provecho del misterioso riachuelo.

Me aterraban unos peces pequeños muy alargados, tenían la apariencia de pequeñas culebras porque tenían los mismos movimientos además tenían bigotes y eran muy resbaladizos.

A veces intentaba pescar con una maya y hallaba pequeñas carpas, eran muy parecidas a las tilapias y los peces que más abundaban eran los suches de rio; después de muchos años supe cómo se llamaban, pero a mis ocho años me asustaban mucho.

La vida allí era más silenciosa no había niños cerca no había más personas que los que venían de lejos a trabajar, ya no había animales que cuidar excepto algunos cuyes y pocas gallinas.

Sabía que una opción era ese pequeño riachuelo porque había peces grandes, pero me aterraban unos peces raros que parecían culebras y a mis ocho años eran lo suficiente como para mantenerme fuera del agua.

Estos son los suches de rio que tanto me aterrorizaban.

CAPÍTULO 7

LA TRAVESÍA DE UN GRAN LÍDER

Estimado(a) lector(a) quizás esta parte sea la parte más importante de todo el libro, ya que desde el principio esta es la historia que recordé y quise resaltar esta historia de la que se desprenden muchas enseñanzas cuando apenas cumplí los ocho años de edad, y para ese entonces ya había nacido mi hermano menor, aquella travesía me inspiró a escribir este libro; pude encontrar muchas enseñanzas en esta corta pero muy ilustrativa historia que perfectamente puede encajar en nuestra vida actual, pero primero te relataré mi historia para que tú mismo te puedas identificar y encuentres la valiosa lección escondida.

Una tarde llegué del colegio, fue un día normal como siempre, almorcé y tenía planeado salir a buscar camotes para el desayuno, luego de almorzar hice mis tareas y me alisté para salir en busca de ese camote que hacía tanta falta. Mi madre había confeccionado para mi algo parecido a una mochila roja con un tirante que se ajustaba, lo hizo de prendas de vestir que ya no se usaban.

Como siempre salía por las tardes y regresaba con algo provechoso, pero la tarde que más recuerdo fue cuando salí un día y después de buscar mucho logré reunir muchos camotes y apresuradamente emprendí mi retorno muy contento y cantando regresaba por el camino hasta que me tocó cruzar el puente, muy delgado, que era un tronco que cruzaba el riachuelo de la quebrada con mi mochila en el hombro estuve cruzando cuando perdí el equilibrio y para no caerme del puente solté mi valiosa carga pude ver cómo mi improvisada mochila caía al riachuelo y rodando lentamente se alejaba de mi vista y se internaba en esa cueva hecha de plantas, pájaro bobo y carrizales que siempre me dio miedo.

Mi primera reacción fue de desesperación, quise bajar e ir corriendo tras mi mercadería, pero el miedo me paralizó, lloré un rato hasta que me consolé pensando en regresar con mucho pasto para los cuyes y mañana volveré por más camote con otra bolsa y listo y continúe mi regreso, como lo había planeado antes, llegué a mi casa con el respectivo pasto y algunos pacayes que encontré en el camino, en mi casa no hablé sobre lo sucedido, es más ni siquiera me preguntaron.

Rápidamente llegó la noche y como cada noche todo pasó muy normal y mi hermanito que tenía poco menos de un año estaba muy inquieto y cada vez lloraba más y más y no sé cuál sería la explicación, pero mi hermano lloró y lloró casi toda la noche, no sabíamos qué era, mis padres decían que pudiera ser "mal de ojo" pero al final llegaron a la conclusión que era "susto" y oí cuando mi papá le preguntó a mi mamá si *alguna prenda de mi hermano le ha quitado el agua cuando fue a lavar*, mi madre le respondió que ese día no lavó la ropa de mi hermano y así entre los llantos de mi hermano me quedé dormido.

Muy temprano por la mañana le pregunté a mi mamá ¿que tenía que ver que haya lavado la ropa de mi hermano con el llanto de la noche?

Entonces ella me explicó detalladamente: Todos tenemos un alma y todos los bebés como tu hermano tienen un alma que siempre cuida sus pasitos y su ropita, tu papá y yo pensamos que tal vez sin querer el agua me quitó alguna ropita de tu hermano y su alma anda llorando toda la noche buscando esa ropita.

- ¡mami, eso es peligroso?

Le pregunté

- Claro hijo, muchos bebés se ponen pálidos, enflaquecen y mueren de susto.

Ya no continúe preguntando, me quedé muy callado creyendo en todo lo que me había dicho mi madre; porque ya sabía cuál era la razón del llanto de mi hermano, pero no me atreví a decírselo a nadie, esa mañana me di cuenta que yo era el único culpable del llanto de mi hermano al recordarme que aquella improvisada mochila que mi madre me hizo, fue con las ropitas de mi hermano, recordaba perfectamente aquel busito rojo con sus botones negros que mi madre descosió para luego confeccionar mi mochila; y a menos que haga algo al respecto mi hermano podía perder la vida; por la mañana estuve meditando y en mi colegio se dieron cuenta mis compañeros que estaba muy distraído y muy callado porque no encontraba la solución de cómo poder recuperar la salud de mi hermano.

Llegando a mi casa ya lo tenía bien definido, cuál era la solución que yo debía de tomar; en vista de que yo me sentía el único culpable por la pérdida de aquella prenda, decidí que yo solamente me iba a hacer cargo de ese rescate.

Durante el almuerzo estuve muy callado, ese día no hice mi tarea y salí de casa más temprano que de costumbre, según mi mamá era un día normal, pero para mí era el día de superar uno de mis más grandes temores, tomé mi cuchillo que siempre usaba para escarbar la tierra y sacar los camotes, me vestí con short y polo luego me dirigí a aquella quebrada.

Ese día, a la edad de ocho años, me tocaba enfrentarme solo a uno de mis más grande temores; para mí, era como literalmente entrar a la cueva de los leones, salí de mi casa y lentamente me acerqué y con mucho temor entré al agua.

Me encontraba muy nervioso metido en aquel riachuelo sintiendo en mis pies como el agua fría corría y llegaba hasta casi mis rodillas, lentamente me fui acercando a la entrada del lugar que tanto me aterraba y a cada paso que daba me preguntaba si había alguna manera de conseguirlo sin necesidad de pasar por esa prueba, para mis escasos ocho años sentía que era mucha la responsabilidad que tenía sobre mis hombros.

No sé cuánto tiempo estuve pensando frente a la entrada y me daba mucho miedo hacer el recorrido, metido en esas aguas más de una hora riachuelo arriba, hasta llegar al punto donde se cayó mi carga; porque tenía las sospechas que mi carga estaba estancada en algún lugar entre el trayecto de mi casa al puente y por un momento quise renunciar, total nadie sabía de lo sucedido.

Sabía que yo podía engañarlos a todos, pero no a mí mismo, porque algo me decía que por mi culpa mi hermano no podía dormir y era muy probable que mi hermano pierda la vida, así es que yo tengo que ser responsable, dar la cara y enfrentarme a mi más grande temor.

Aquí empezaba mi gran lucha interior

7.1 Tu compromiso vencerá tus temores

Después de una extensa lucha mental decidí ingresar acusado por el compromiso para evitar las graves consecuencias que mi descuido podría ocasionar en mi familia; entonces agaché la cabeza y empecé mi recorrido río arriba, la verdad me daba miedo, pero el cuchillo que tenía en mi mano izquierda me hacía sentir ligeramente confiado y mi mano derecha estaba libre para levantar algunas ramas que colgaban y pasar por debajo de ellas, paso a paso avanzaba y entre telas de araña parecía estar dentro de la cueva del terror.

Conforme avanzaba paso a paso, uno a uno llegaba tantos pensamientos a mi mente y todos eran negativos, quizás mis temores hayan sido alimentados por los comentarios que mi madre siempre me decía como, por ejemplo:

- No te acerques mucho allí, porque es mal sitio. Te puede dar susto y te vas a enfermar.

- Ese sitio tiene encanto; hipnotizan a los niños y los desaparecen.

- Cuando escuches el sonido de tambor aléjate de allí, porque hay unos niños desnudos con el cabello rubio y largo que los conocían como "la leyenda del ichi", que siempre intentaban llevarse a los niños que se acercaban a las sequias o riachuelos.

Entonces con esos tipos de comentarios negativos, me fue más difícil tener un control sobre mi mente, según mi madre ella me estaba preparando para tener cautela, sin embargo, lo que consiguió fue hacer más difícil mi travesía.

Aparte había rumores que una serpiente gigante se escondía en aquella quebrada, nadie la había visto, yo no creía en eso, pero aun así me daba miedo hacer aquel recorrido que nadie hizo antes.

Era muy evidente, en mi rostro se podía notar que estaba paralizado de miedo, pero mi nivel de compromiso con la vida de mi hermano era lo que no me daba otra opción más que enfrentarme a lo desconocido.

Debo reconocer que cuando me quería rendir, me imaginaba mi mochila hundida esperando por mí en algún lugar y así me animaba a seguir con más ánimo, me enfocaba en que siguiera dando los pasos hacia adelante, uno tras otro, sin importar los raros sonidos que hacían los animales que me rodeaban y me di cuenta de que había conseguido vencer el miedo a los suches que nadaban alrededor de mis pies y todo era por aquel compromiso que hice conmigo mismo por salvar la vida de mi hermano.

Me llené de valor frente a los obstáculos y me decidí cruzar.

7.2 Toma tus decisiones más valientes.

Recuerdo claramente que siempre hablaba al cielo y me imaginaba que Dios estaba en algún lugar escuchándome por eso me sentía confiado y seguía adelante; todo parecía ya dominado y me imaginaba que ya lo iba a lograr, cuando se me presenta uno de mis más grandes obstáculos y éste era darme cuenta de que me tocaba cruzar un pozo misterioso y mi temor se hacía mayor al darme cuenta de que cada paso que daba se hacía más hondo.

Lentamente daba un paso tras otro y cada vez más hondo sentía como lentamente el agua subía por mi cuerpo y podía escuchar en ese momento a mi corazón latir más acelerado que nunca y no te imaginas como deseaba que alguien me dijera no tema y que vaya a mi lado tomándome de la mano para cruzar aquel pozo misterioso.

En ese mismo instante solo tenía dos camino literalmente no había paso al costado, sólo regresarme por donde vine o vencer el miedo y cruzar ese misterioso pozo; recuerda yo tenía ocho años, por momentos, quería gritar del miedo que me daba; mientras me hundía empezaba a pensar nuevamente si valía la pena, yo soy solo un niño me repetía una y otra vez, porqué tengo que castigarme de esa manera, el agua ya había pasado mi cintura y seguía hundiéndome cada paso que daba y fue cuando me detuve y volví a pensar si me ahogo no hay nadie quien me pueda salvar.

7.3 No te rindas

Soy un niño de ocho años nadie me obliga, ¡exclamé! una y otra vez y estaba pensando seriamente en rendirme, ya no importaba mi mochila, ya la perdí me dije, y fue cuando pensé en las graves consecuencias de rendirme, en ese momento me imaginaba a mi hermano llorando desconsoladamente y peor aún, me imaginaba la posibilidad que perdiera la vida mi amado hermanito.

Ese momento fue cuando me pregunté ¿Qué es lo que me motiva a seguir adelante incluso poniendo en riesgo mi propia vida? Y fue ahí que descubrí que el amor es la fuerza más poderosa, actuando por amor a la vida de mi hermano fue que decidí seguir adelante, sin importar qué es lo que pudiera pasar conmigo.

Cuando descubrí cuál era el poder que me movía a seguir adelante, me armé de valor y sobre todo me llené de Fe, si mi Fe, eso era lo único que me acompañaba en ese momento, entonces levanté mi polo hasta el pecho lo sujeté con los dientes para no mojarlos y seguí dando los siguientes pasos con el puñal en mi mano izquierda y mi mano derecha levantado hacia arriba listo para sujetarme de alguna rama si era necesario; continúe dando los pasos y el agua casi me llegó hasta el pecho, más adelante el pozo misterioso, paso a paso fue reduciendo su profundidad.

Luego la profundidad ya era como al principio continúe y más adelante encontré muchos otros pozos misteriosos de diferentes profundidades, pero no me detuvo porque yo tenía bien definida aquella fuerza que me impulsaba a dar los pasos uno tras otro; recuerdo que ya tenía trazada mi meta y ésta era llegar hasta aquel puente donde cayó mi mochila y si lograba hacerlo de seguro que llegaría alcanzar mi meta, o mejor dicho recuperaría mi preciada carga.

Seguía pasando pozo tras pozo y cada vez perdía el temor a los suches, a los sonidos alrededor, a todas las historias de encanto que me contó mi madre, sobre todo mi victoria más grande fue perder el miedo a dar los pasos en esos pozos misteriosos sin saber qué tan profundos eran.

La travesía de un gran líder

Después de una larga travesía y haber pasado los obstáculos y haber conquistado mis más grandes temores, en uno de los pozos noté algo rojo y lo saqué del agua y era la anhelada mochila que buscaba: esa fue la mejor recompensa, esta vez el corazón me palpitó muy rápido, pero de emoción porque lo había conseguido, según aquel niño de ocho años creía firmemente que había hecho el mayor rescate de su vida y salvado la vida de su hermanito menor.

Continúe riachuelo arriba, ya que sabía que faltaba poco para llegar al puente y así fue, mientras caminaba pude ver más claro a la distancia y hasta que al fin llegué y subí por el puente sintiéndome un verdadero triunfador, vencí mis temores que en otras circunstancias jamás lo hubiera hecho; rescaté la mochila y con esto le salvé la vida a mi hermano y sintiéndome muy orgulloso emprendí el regreso a casa.

Mientras llevaba mi mochila en los hombros iba observando toda la quebrada que yo había atravesado y no lo podía creer, era algo inexplicable, si lo contaba a alguien no me lo iba a creer, me regresaba a casa muy feliz porque había logrado vencer mis miedos y alcancé mi meta, además de haber salvado la vida de mi hermano, llevaba alimento a mi casa y sabía que mi madre se iba alegrar y me iba a regalar un abrazo. Sin darme cuenta había encontrado salud, dinero y amor:

Salud: porque le salvé la vida de mi hermano, bueno eso creí a esa edad.

Dinero: porque ahí no hay tiendas y llevar alimentos a la casa era lo mismo que tener algo de dinero.

Amor: porque sabía que mi madre al verme con una mochila llena de camotes se alegraría y me expresaría su amor con un fuerte abrazo.

Hoy treinta años después, se me hace gracioso todos esos acontecimientos, pero ya de grande; en ese momento lloré mucho y a mis ocho años ya experimentaba los miedos extremos que hacían que me temblaran las piernas al enfrentarme a mis miedos al que nadie me obligaba; más que el compromiso de amor que me hacía cumplir para salvarle la vida a un ser amado.

Estoy seguro de que esa misma travesía, hoy cualquier adulto seguro que pasaría sin problemas ni complicaciones, pero en ese momento para mí fue el mayor reto que hasta entonces tuve que pasar, y en esta historia quiero rescatar los tres pilares que me sostuvieron todo el tiempo de angustia; el Amor, la Fe y la Esperanza.

Esté es el pequeño puente de palos que no pude cruzar y donde se cayó mi mochila.

CAPÍTULO 8

DESCUBRE TU "PORQUÉ" ARDIENTE

Después de leer la Travesía de un Gran Líder, podrás entender que principalmente se trata de la valentía de un niño de ocho años que se enfrenta a sus más grandes temores que lo aterraban, se entiende que a su corta edad era la decisión más difícil que pudo tomar y la realidad es que muchas personas sin darse cuenta se encuentran en igual situación que aquel niño.

Sin importar la edad que tengas, tú te puedes encontrar exactamente en la misma situación; siempre hay temores que paralizan a las personas, pero esta vez no tiene nada que ver con esos lugares tenebrosos y desolados, sino todo lo contrario en una vida moderna de cambio constante en la vida diaria, muchas veces ya sabes que es aquello que te paraliza y hasta a veces lo repites de manera graciosa, sin saber cuánto influye en tu mente y determina en tus resultados.

La gran diferencia es que aquel niño sin darse cuenta encontró su verdadero porqué, ese porqué poderoso que le aceleraba el corazón, años más tarde en este libro se darán cuenta que aquel niño sin saberlo elevó su adrenalina o también conocida como la epinefrina al máximo nivel, por eso no le importaba nada más que salvar la vida de su hermano y al darse cuenta de que su porqué era ese poderoso amor fraternal poco le importó los peligros que le esperaban.

El en su corazón de niño ya había decidido salvar a su hermano, y hoy me dirijo a ti, te has preguntado: ¿Quién eres en realidad?, ¿qué es lo que quieres lograr en tu vida personal?, ¿sabes qué es lo que quieres lograr para tu familia?

Una de las grandes interrogantes es ¿cuál es el propósito de tu propia existencia?

Si hoy te pidiera que cerraras los ojos y te imaginaras que tienes ocho años; te darías cuenta de que te queda mucho tiempo para conquistar todos tus propósitos, ahora cierra tus ojos e imagínate que ya tienes ochenta años; dime si estarías conforme con el tiempo que te queda para alcanzar tus propósitos.

Si analizas, toda una vida te parecerá que duró, sólo como el destello de una estrella fugaz, sino tuviste el tiempo de disfrutarla estoy seguro de que se te pasaron los años en cosas que no tenían ninguna importancia; pero si viviste al máximo disfrutando cada detalle que se te presentó en el camino, dando lo mejor que pudiste dar; notarás que la vida pasó a su debido momento.

La vida es hermosa, pero también es corta, nadie tiene asegurada su vida, disfruta cada minuto, si lo piensas te darás cuenta de que no vale la pena perder el tiempo en discusiones absurdas o viejos rencores, siempre digo, si viniera un ángel y te dijera que tu tiempo ya se cumplió y que si deseas puedes agregar 33 días más de vida ¿le pedirías esos días adicionales? o le dirías ya me quiero ir contigo?, no verdad, le dirías déjame quedarme hasta el último día y estoy seguro que abrazarías a tus hijos como nunca; a tu familia les dirías los "te amo" que no dijiste y no estarías perdiendo tus preciados días en discusiones o echando más leña al fuego a pleitos antiguos y ajenos. La verdad si pudieras ver en un video la cantidad de personas que hiciste feliz y cuánto fuiste feliz, muchos se darán cuenta que pudieron ser más felices, nadie valora el tesoro que tiene hasta que está a punto de perderlo.

Quizás te parezca exagerado, y si es así pregúntale a aquel enfermo desahuciado si ahora valora su salud, pregúntale a aquella persona que fue sentenciada a cadena perpetua si ahora tiene valor su libertad y, por último, el cementerio está lleno de personas que alguna vez suplicaron un minuto más de vida.

Muchos de ellos fueron soñadores que jamás tuvieron el valor de dar ese paso y muchos se fueron anhelando más tiempo de vida y pidiendo una segunda oportunidad para luchar por sus sueños.

Seguro que en más de una ocasión llegaron a tu vida situaciones diversas en las que te tocaba tomar una gran decisión, en donde se te avizoraba un futuro mucho mejor, pero por ser algo nuevo era desconocido, por eso dentro de ti hubo una vocecita que te dijo que no te arriesgues, que ya habrá otras oportunidades en la que la decisión no sea tan complicada y por instinto decidiste alejarte de los futuros "peligros" y te quedaste en tu misma zona de confort en la que te brindaba una aparente seguridad.

Muchas otras veces somos víctimas de todo aquello que llenamos en nuestro vaso durante toda nuestra niñez, en casa con nuestros padres, nuestros profesores, o la misma vida nos moldea con creencias irracionales, creencias limitantes y las más peligrosa son las excusas. A continuación, me gustaría hablarte ligeramente sobre qué pasaría si estarías en alguna de estas tres conductas y tal vez puedas identificar algunas de ellas.

8.1 ¿Qué pasa si llenas tu vaso con creencias irracionales?

Como dije en uno de los capítulos anteriores, el tamaño de tu miedo lo crea tu mente, y eso es muy cierto, cuando tu mente no entiende qué está sucediendo o qué es lo que va a suceder en el futuro, se enciende todo un proceso de alarma y empiezas recibir diferente información que te dice por qué no deberías ni siquiera de contemplar
las nuevas opciones y se te vienen imágenes en donde te vez fallando, perdiéndolo todo, lamentándote de haberlo arriesgado todo; aun cuando muchos te lo advirtieron y sobre todo el miedo que paraliza con mayor frecuencia es el "qué dirán"

ese es uno de los más grandes retos que por muchos años a mí me paralizó, prefería no enfrentarlo por el temor de hacer el ridículo o recibir críticas de las personas que son propias y ajenas a nuestra vida.

Imagínate ir de paseo a una playa turística y llegas a un acantilado y ves decenas de personas entre hombres y mujeres de todas las edades que se lanzan haciendo diferentes clavados y muy felices vuelven a subir y repiten con otros diferentes clavados y tú los ves y piensas debe de ser muy fácil, ya que todos lo hacen una y otra vez y te emocionas y te dices "si ellos pueden, yo también puedo", te sientes entusiasmado y te dispones a vivir esa emocionante experiencia.

Te preparas con la ropa adecuada y te acercas lentamente a la orilla y a pesar de ver la profundidad tú sigues pensando, si ellos pueden yo también, sientes tu corazón latir rápidamente y segundos antes de saltar miras a ambos costados y ves mucha gente conocida mirándote fijamente incluso aquellos que no te caían tan bien.

En ese momento hay dos reacciones que diferencian a las personas, una es que ahora harás todo lo posible por hacerlo mejor que los otros para sorprenderlos a todos y la otra reacción es de personas que ahora vuelven a mirar al frente y notan que ahora el mar es más profundo que antes, y por alguna razón extraña empiezan a llegarte imágenes mentales de que algo saldrá mal y muchos que te conocen se reirán de ti y empiezas a dudar si saltar sería realmente una buena idea y te quedas paralizado.

Eso les sucede a muchas personas en diferentes escenarios de la vida, sin importar la condición socioeconómica, el miedo al qué dirán es muy grande, porque muchas personas siempre tienen esa creencia irracional que para sentirse mejor tienen que caerle bien a todas las personas.

Has oído alguna vez decir a alguien "no somos pepita de oro para agradar a todos", ¿si verdad? Es que una de las creencias irracionales es tratar de agradarle a todos y eso no es posible, sobre todo cuando exageras y tus acciones empiezan a perjudicarte.

Sólo porque quieres caerle bien a todo el mundo eso no va a suceder ya que venimos con todo un mundo de información que por años hemos estado llenando en nuestros vasos de cristal, habrá muchas circunstancias que harán la diferencia y no se tratará de quién grita más o quién crea tener la razón.

Cuando trato de explicar esto a mis hijos, lo hago con ejemplos y en algunas ocasiones me ha tocado hablar con parejas de esposos que vivían en constantes discusiones y ninguno llegaba a un acuerdo, ya que ambos tenían puntos diferentes y ambos creían tener la razón, me tocaba decirles que ambos puntos de vista podían ser aceptables ya que hay muchas circunstancias que determinan el punto de vista de cada uno de ellos.

Un pequeño ejemplo que les hacía era sentarlos frente a frente y poner una hoja en medio de ellos y dibujar dos líneas paralelas y entre esas líneas dibujar el número "6" o "9" cualquiera me daba igual, les dije que cuando estaban en plena discusión, mientras estén mirando en direcciones opuestas, nunca sabrán exactamente qué número es, esa era la realidad de cada discusión y mientras no lleguen ninguno de ustedes a ponerse en el lugar del otro, ninguno tendrá la intención de dar su brazo a torcer y las consecuencias podrían ser peores y sobre todo si hay pequeños inocentes de por medio.

La recomendación es ponerse de acuerdo en qué dirección les conviene mirar y de esa manera siempre verán el mismo número o, mejor dicho, verán el problema bajo un mismo punto de vista y así será más fácil hallar la raíz del problema y buscarle una solución.

8.2 Tus creencias limitantes

Algo que he podido notar es que el mundo está lleno de personas que sueñan unos más que otros y la diferencia que hay entre los que hacen realidad sus sueños y los que no, es que unos se conforman con soñar y otros sueñan y accionan, en pocas palabras completan la ecuación:

SUEÑO + ACCIÓN= RESULTADOS, el primer factor que es el sueño, todos lo tenemos y eso es normal desde niños expresamos nuestros primeros sueños, tal vez oíste decir a algún niño "de grande quiero ser policía como mi papá" o profesor, maestra, actor, actriz o quizás dijiste en algún momento que querías ser como tu superhéroe favorito, etc.

Y es que soñar es parte de la vida del ser humano, soñar es darle sentido a la vida; cuando somos padres deseamos ver a nuestros hijos realizados, gozando de buena salud, otros sueñan con bienes materiales. Lo que sea más importante para ti, ese es tu derecho de vida, y nadie te pone el límite a la hora de soñar, recuerda tú eres el dueño de tu sueño y el límite eres tú quien lo define.

Todos soñamos, pero la gran mayoría de personas de tanto soñar se vuelven soñadores eternos y viven imaginándose la emoción que sentirán cuando cumplan sus sueños y su frase favorita es: "algún día…"

Entonces si soñar es vivir debes haber conocido a alguien que murió a los 40 años y lo enterraron a los 80 años, ¿cómo se explica esto?, es muy fácil, tal vez conociste a alguien que perdió a su ser amado o el negocio de toda su vida o cualquier cosa de vital importancia y de allí nunca volvió a ser igual, nunca lo vistes sonreír hasta el día en que murió, y a muchos quizás después de una desgracia pierden la capacidad de soñar y es por eso que siempre verás a personas que perdieron el sentido de la vida.

Si vivir es soñar, me pregunté entonces ¿por qué las personas no hacen realidad sus sueños? Y la respuesta es que muchos que no lograron realizarlos es porque ellos mismos sabotearon su propio sueño, y tal vez te suene absurdo o muy radical al hacer esa afirmación, pero realmente mucho de lo que nos sucede es provocado por nuestra manera negativa de pensar.

La realidad es que yo pude ver las desgracias y no solo verlas; por muchos años viví esa aflicción que arrastró incluso a mi propia familia y a pesar de que yo ya conocía mi sueño, no lograba ponerlo en marcha, siempre se me aparecía una nueva excusa y no lograba entender ¿por qué? si ya tenía el sueño, sin embargo no daba ese gran paso y siempre buscaba el momento apropiado y cuando estaba empezando siempre había algún inconveniente que me paralizaba y volvía al punto de inicio, según yo buscando una nueva forma mucho más apropiada, pero sólo eran excusas para seguir postergando mis sueños y mientras tanto mi familia que tanto esperaba de mí, seguía siendo víctima de aquella parálisis mental.

Entonces recordé de cuando era niño y me encontraba metido en aquel riachuelo pensando si valía la pena ir en busca de esa mochila roja y me di cuenta que no sólo yo estaba en esa situación, si no también gran parte de la humanidad actualmente se encuentra parado frente a una gran decisión que puede cambiarle la vida personal y la de su familia, pero es algo muy nuevo y nuestra mente no tiene datos completos de qué es lo que hallaremos en ese lugar o con esa decisión entonces nuestra mente trabaja incansablemente para recolectar información y lo único que le queda es ingresar a nuestra propia base de datos para ver qué podemos encontrar que nos pueda ayudar.

Y el factor determinante para identificar el origen de nuestras creencias limitantes está en nuestra base de datos, ahora todo depende de lo que hayamos almacenado en él.

Desafortunadamente la gran mayoría de la humanidad no encuentra la información correcta que nos puede ayudar, por el contrario encontramos información de por qué no deberíamos de dar ese paso y provocar una posible decepción y nos llegan más ideas de consuelo para no experimentar situaciones que nos puedan dañar física y psicológicamente; es una constante variedad de posibilidades como alternativas y todo para evitar aquello que tiene todas las características de ser la mejor oportunidad de nuestra vida.

Pero por más maravilloso que parezca, para nuestra mente es desconocido, no tenemos experiencias actuales así que nuestra mente busca experiencias similares para asociarlas a nuestra actualidad, y en este punto encontramos al factor determinante que paraliza al mundo de uno en uno y eso no es más que nuestras creencias, vale decir de cómo creemos que es la vida.

La raíz de todo la podemos encontrar en cómo hemos sido formados en el entorno cercano que siempre estuvo a nuestro lado, nos enseñó de cómo debemos reaccionar frente a las grandes oportunidades, quizás también lo heredaron, pero eso influye en nuestra manera de ver las cosas.

Hermoso sería si tuviéramos como información actitudes mentales positivas, con una autoestima elevada que nos haga sentir vencedores, que nos podemos comer el mundo a grandes mordiscos en todo lo que iniciemos y si no sale como lo pensamos, decimos ya se cómo "no" debo de hacerlo la próxima vez y lo volvemos a intentar porque sabemos que fallar no es sinónimo de fracasar, por el contrario, sabemos que fallar varias veces buscando alcanzar el éxito, significa que no nos sentimos fracasados; por el contrario intentarlo una y otra vez moldea tu carácter y nos lleva cada vez a un paso más cerca de conseguir nuestros objetivos.

En un mundo perfecto, hermoso sería pensar que fuera así, para todos el mundo sería diferente, pero la gran realidad es que la mayoría de las personas tienen mucha información negativa de constantes sufrimientos, de sueños arrebatados de las manos, muchos tienen heridas en el corazón de quienes se suponía que los amaban, heridas en el alma tal vez por confiar en personas equivocadas, por todas las humillaciones que recibimos cuando éramos niños; muchas veces por cosas sin sentido o de poco valor y por la indiferencia que vivimos cuando hacíamos esos pequeños actos positivos que para nosotros eran grandes y merecíamos grandes elogios.

Todas esas experiencias negativas forman creencias limitantes que se quedarán contigo en tu mente y corazón y mientras pasen los años más se enraizarán y serán parte de tu vida y actuarán como si fuera una burbuja que te rodea y te da una visión de un mundo distorsionado del que siempre debes desconfiar.

Siempre terminará influyendo en tus decisiones futuras, así éstas no sean las mejores para ti; y tus seres amados tengan que padecer por ello.

Entonces si sabemos cuál es la creencia limitante, ya podemos ver algunas posibles alternativas. Tus creencias limitantes muchas veces vienen porque en tu niñez viviste sufrimientos e injusticias y guardas rencor por ello; no continúes la secuencia, haciendo lo mismo con los que vienen después de ti,
tú tienes la decisión de cortar con todo ello, piensa que sólo te enseñaron a su manera lo que también aprendieron de otras personas.

Tu entorno social pudo influir mucho y haberte dejado experiencias negativas, es aquí donde entra a tallar tu poder resiliente, es difícil, pero no imposible cambiar tu forma de pensar.

Sólo necesitas fuerza de voluntad para cambiar tus resultados y construir tu sueño usando como cimiento todas las piedras que pusieron en tu camino.

Una de las más peligrosas creencias limitantes es aquella que se forma por la unión de todas las adversidades durante nuestra vida forjando una autoestima exageradamente baja, el problema en nuestra vida no son los problemas, sino con que actitud lo enfrentamos y una actitud negativa es lo que siempre nos está limitando y no deja que desarrollemos experiencias nuevas para conocer nuestro verdadero potencial.

Volviendo a hablar de aquel niño valiente, ya había descubierto su propósito sabía lo que era importante para él en aquel momento, pero le faltaba encontrar aún su verdadero y ardiente ¿por qué? Fue cuando le vino a su mente la imagen de su hermano corriendo el riesgo de morir, y precisamente ese fue su ¿por qué?, nada más y nada menos la fuerza más poderosa que hay en nuestros corazones que ha conseguido cambiar el mundo…

Ese gran **amor** fraternal le dio lo necesario para seguir adelante paso a paso sin importar los peligros que corría su vida; algo que no tengo duda es que todos tenemos retos por cumplir.

Muchas veces te puedes encontrar con retos que desafíen tus más grandes temores, y es allí donde te toca cerrar los ojos y ser sincero a esta gran pregunta: ¿Por qué lo hago?

Tal vez no tengas muchas expectativas de lograr algo por ti, pero piensa en tu compromiso que debes: como hijo(a), como padre, como madre, como líder, eres inspiración de todas las personas que confiaron en ti como ser humano, como hijo de Dios; el compromiso de amor por ellos es muy grande y puedes elegir rendirte, pero no debes porque no estás sólo.

recuerda que detrás de tus grandes miedos, están tus mayores fortalezas y si vences tus miedos, serán muy felices muchos seres amados que esperan mucho de ti.

8.3 Las excusas

Probablemente esté sea una de las causas en las que más incurren las personas, postergando así enfrentarse a sus temores y evitar las mayores experiencias negativas; logrando de una manera muy sutil agravar la situación que queremos aliviar.

Las excusas y las justificaciones sólo nos ayudan a dilatar el tiempo de las cosas que debemos de hacer, pero después, aunque veamos la manera de evitar hacer aquello que se tiene que hacer, nos daremos cuenta de que cada día caemos más fácilmente en las excusas y justificaciones.

Y de esa manera nos acostumbramos a una vida en la que siempre estamos procrastinando, y quizás parecemos siempre víctimas de las circunstancias que siempre están arruinando nuestros planes y digo somos, porque por muchos años estuve bajo esa costumbre de usar las excusas y justificaciones, y tal vez por el hecho que estuve acostumbrado a una ligera brisa de mi zona de confort.

En mi caso siempre estuve usando adagios y muchos dichos populares que me hacían sentir menos culpable al usar las excusas y sobre todo recuerdo que al usar los refranes más conocidos para justificarme por las cosas que hice, o que no hice, me sentía un poco más inteligente. Y hasta a veces me sentía que no era yo el único con ese problema, ya que siempre había personas en iguales o peores situaciones que no se sentían dignos de juzgarme y nos sentíamos un poco más solidarios entre nosotros, postergando sobre todo la integridad familiar y nuestra salud mental, salud física y salud financiera.

Algo que he podido notar, es que muchas personas ya se han hecho unos expertos cuando emplean las excusas porque:

Niegan y se hacen los desentendidos, cuando se ven que son descubiertos, se **justifican** para evitar culpas y muchas veces cuando no les funcionan las excusas, son descubiertos agravan la situación y **culpan** a terceras personas y sólo para no aceptar la culpa completa que le generan sus excusas y justificaciones.

Has conocido a alguien que siempre esté postergando el inicio de un nuevo proyecto?, yo fui uno de ellos, por años postergué tantos proyectos; y lo peor de todo es por pequeñeces, recuerdo que para empezar mi proyecto necesité una oficina personal que implementé en una parte de mi cuarto, pero faltó un celular último modelo, luego me faltó una laptop, luego me faltó una cámara HD, luego me faltó unos ternos nuevos, luego me faltó, luces potentes para las grabaciones nocturnas.

Luego un maletín de cuero original para visitar a los emprendedores, luego tarjetas de presentación hechos en hot stamping y así siempre que ya parecía que todo estaba listo, siempre faltaba una y otra cosa que postergaban mis proyectos.

Pero todo eso cambió cuando pude ver todas las grandes oportunidades que estaba perdiendo al no tomar acción y por ende tomar el control de mi vida y me di cuenta de que la excusa y la procrastinación venían del temor de enfrentar mi apariencia.

Trabajar en mi autoestima para mí fue un punto clave, para no dejar pasar las grandes oportunidades que nuestro Padre Dios de abundancia tiene para nosotros, empecé a nutrir mi mentalidad sabiendo que la creencia en mi era fundamental para afrontar cualquier reto que se me presente.

CAPÍTULO 9

Resumen del libro....

Estimado(a) lector(a) con mucho cariño te presento LA TRAVESÍA DE UN GRAN LÍDER, es un trabajo en el que cuento anécdotas reales que fueron sucediendo en un lapso de 30 años aproximadamente y que abarca desde tenía 6 años hasta nuestra actualidad, justo en plena pandemia mundial; fueron muchos los momentos de adversidad que tuve que pasar, una de las travesías de la que resalto en este libro es la que sucedió cuando tenía casi 8 años de edad, en ella reflejo cómo un niño se enfrenta a uno de sus más grandes miedos, y éste fue el hacer una peligrosa travesía, que para ese entonces era una prueba insuperable.

Sin embargo, aquel niño de 8 años descubrió que la fuerza más poderosa del mundo está motivada por el **amor**, específicamente en su caso fue el amor fraternal lo que le impulsó a vencer sus más grandes temores, resalto también la inmensa satisfacción que sintió cuando completó aquella peligrosa travesía, sintiendo que le había salvado la vida a su hermanito, fue como conseguir en la vida la salud, el dinero y el amor.

Algo de lo que estoy muy seguro es que esas travesías por las que pasó aquel niño son las mismas que muchos de los adultos están atravesando actualmente, paralizados muchas veces por miedos irracionales que sólo están en la mente, y lo podemos comparar perfectamente sin importar las circunstancias en las que estés pasando, lo importante del problema es que la solución siempre tiene la misma esencia.

Hoy después de muchos años, de tropiezos uno tras otro, siento que tengo la plena autoridad para hablar sobre los grandes estragos que causamos a nuestra propia vida y a los que nos rodean.
mientras no saquemos ese valiente interno capaz de conseguir todo todo lo que se proponga y para ello solo tiene encontrar los 3 elementos que componen la **fuerza inquebrantable** que te hablaré en el siguiente párrafo.

Estimado(a) tal vez te encuentres pasando una difícil situación y quizás, así como aquel niño, pienses que el problema es más grande que tú, que pone en peligro tu familia, tu vida o tu negocio
(amor, salud y dinero) y te sientas paralizado sin saber qué hacer y veas que no hay nadie a tu alrededor que pueda venir en tu ayuda; es justamente ahí donde debes de levantar tu mano al cielo para sostenerte de Dios y la otra mano extiéndela para tomar de la mano al prójimo débil que necesita de tu fortaleza y aférrate a conseguir aquello que más anhelas con todo el amor de tu corazón, y de esta manera puedas descubrir la fuerza más poderosa del mundo combinando la FE, el AMOR y la ESPERANZA.

Fueron diversas las travesías que se relatan en este libro que prueban que nosotros podemos lograr grandes hazañas, como por ejemplo, conseguir alcanzar nuestros sueños, sólo depende del nivel de compromiso que apliquemos para lograrlo, para ello sólo te hace falta descubrir cuál es tu verdadero propósito; motivo que te impulsa siempre a seguir adelante, a superar las diversas dificultades sin importar muchas veces si arriesgas tu propia vida, sólo te imaginas protegiendo muy bien a todo aquello que realmente te importa y quizás digas que no encuentras una verdadera razón para luchar y decidas darte por vencido y renunciar a tu capacidad de soñar, será ahí justamente cuando empezarás a morir, terminarás siendo un cadáver andante.

Estoy seguro de que conociste alguien que murió a los 40 años y lo enterraron a los 80 años, te diste cuenta de que murió, cuando la sonrisa se le borró de sus labios, la alegría no llenó su corazón y sus ojos dejaron de brillar la ilusión.

En este libro hablo de encontrar tu verdadero valor sin importar todas las dificultades que tengas que atravesar, sólo lo podrás hacer si llegas a descubrir para qué viniste a este mundo, que no estás aquí solo porque naciste, sino porque tienes una poderosa misión que te hará feliz, te sentirás importante y realizado cuando hagas lo que realmente te hace feliz y sobre todo si eres una fuente natural de bendición.

"La Travesía de un Gran Líder" es un pequeño libro que descubrirá tu verdadero valor en la que disfrutarás haciendo no solo lo que sabes y debes de hacer, sino también aquello que amas hacer, si, así como lo lees, aprende a hacer lo que más feliz te hace, para ello pregúntate qué es lo que mejor sabes hacer y cual fueron tus sueños desde la infancia; y aunque quizás muchas veces, no sea lo que realmente quieres para tu vida, con el tiempo irás adoptando varios de los sueños que descubras en el transcurso de tu vida.

Se que muchos no tuvimos la bendición de nacer en un hogar con todas las cualidades que debería tener una familia feliz, o tal vez muchas veces fueron marcadas por tragedias que nos cambió la vida, otras veces estuvimos rodeados de personas cercanas que se suponían que nos iban a brindar amor y no fue así, por el contrario, muchas veces fuimos maltratados en lugar de ser amados.

Este libro encierra un mensaje cuya principal intención es que las personas puedan identificarse y encontrar aquello que han perdido en algún momento de la vida y puedan encontrar la verdadera felicidad; tu decide ser Feliz contigo mismo y hallarás aquello para lo cual nacimos: **amar** y ser **amado**.

Huacho, 08 de enero del 2022

1. Anotaciones importantes….

Después de leer este libro, entendí los cambios que debo de hacer en mi vida….

Hábitos y creencias que debo de cambiar	Nuevos hábitos que empezaré adoptar o reforzar

2. ¿QUÉ NÚMERO VES?

Lado **A**:

Lado **B**:

Cuando haya desacuerdos entre padres e hijos; problemas entre parejas o de cualquier otra índole y exista una discusión que ninguno pueda controlar y ambos crean tener la razón, en una hoja en blanco escribe el "6" o "9" y sienta frente a frente ambas partes, pon la hoja en el medio y que te digan qué número ven. Piensen que, en plena discusión, así es como se encuentran mientras estén mirando en direcciones opuestas, ambos tendrán la razón debido a muchas circunstancias como: formas de crianza, madurez mental, y muchos factores externos.

Pero la mejor manera de ver las cosas es cuando están juntos del mismo lado mirando hacia la misma dirección. De esa manera verán con un enfoque distinto los problemas, para ello se necesita mucho compromiso de ambas partes en hacer una pequeña lista de tres defectos y virtudes, la que debería ser llenada por cada una de las partes, tomándose su respectivo tiempo para meditar y hacerlo con profunda sinceridad para encontrar la raíz del problema.

Fortaleciendo sus virtudes y trabajando en corregir sus defectos cada uno. Sin juzgar al otro, para ello debe llenar esta pequeña lista luego intercambiarlas y trabajar en ello.

Estas son las 3 mejores cosas que me agrada de ti:

1…
2…
3…

Estas son las 3 cosas que me gustaría que cambies:
1…
2…
3…

3. Agradecimiento

A Dios en primer lugar por haber hecho que este libro llegue hasta tus manos….

A ti, por haberte dado el tiempo necesario para completar la lectura de este libro; me gustaría que este solo sea el principio y a través de los siguientes enlaces pueda contar contigo como lector que a continuación te dejaré, me gustaría leer tus comentarios…

Código QR de acceso directo a la página de Facebook creado para todos los lectores de este libro, además allí estaré publicando y compartiendo el audio libro oficial de este libro y el video oficial de la conferencia en vivo.

Aquí les dejo el enlace para ingresar a la página de Facebook de "La Travesía de un Líder" y recibir mucha información de valor. (Ctrl + clic) para seguir el vínculo

https://www.facebook.com/latravesiadeungranlider

Aquí les dejo el código QR de acceso directo a mi página oficial de Facebook Ricardo Sáenz Paulino. creado para todos los lectores y amigos, de ante mano les agradezco por el apoyo con sus mensajes.

Aquí les dejo el enlace de acceso directo a mi página oficial de Facebook Ricardo Sáenz Paulino
      (Ctrl + clic) para seguir el vínculo

https://www.facebook.com/conferenciasylibros2022

Aquí les dejo el código QR de acceso directo a mi canal de YouTube oficial de Ricardo Sáenz Paulino, creado para enviarles contenido de valor; les agradezco de antemano sus suscripciones y sus likes.

Aquí les dejo el enlace de acceso a mi canal de YouTube, les agradezco por su gentil apoyo (Ctrl + clic) para seguir el vínculo.

https://youtu.be/3T36tcTurGM

ATTE.:

Rescatando sueños:

Yo no sé cuál sea la necesidad que estés pasando, quizás económica, familiar, social, pero algo de lo que, si estoy seguro, es que somos la creación más perfecta, complementa esa perfección llenado tu mente de grandezas y de sueños posibles de alcanzar; pero lo más importante es que des ese primer paso hacia la realización de aquello que realmente te importa. Sigue caminando paso a paso sin importar qué tan profundo sean esos pozos misteriosos que lo único que hacen es probar tu fortaleza, pasando por el fuego, para que luego resalte la parte más pura y brillante que hay dentro de Ti.

Ricardo Sáenz Paulino

Si estás cansado de que el mundo te vea y nadie crea en Ti, pero tú sabes que hay un pequeño resplandor como un rayo de luz que sale dentro de Ti, trabaja por descubrir cada vez más esa luz y que el mundo vea que lo que creían que era una simple roca, ocultaba un precioso diamante en su interior; así como el oro pasa por el fuego para fundirse y separar las impurezas; supera todas las adversidades y resalta la parte más pura y brillante que está dentro de TI.

Ricardo Sáenz Paulino

Si cuando me oyes hablarte de tus sueños, te da sueño ¡preocúpate! Está en juego lo mejor de tu vida, tú y yo somos hijos de un DIOS de abundancia y llegamos a este mundo con mucho o poco, eso no es lo realmente importante, si no cuidar de que no llegues al final de tus días, sin haber conseguido tus sueños más anhelados que guardas dentro de tu ser.

Ricardo Sáenz Paulino

Estimado(a) gracias por haberte conectado a estas travesías, sé que estoy aprendiendo y me falta mucho por aprender, sin embargo, quiero que sepas que amo transmitir lo que hay dentro de mí y aunque aún no sea un experimentado escritor, hice este libro con mucho amor para ti… imaginándome que hace 20 años me hubiera gustado haber tenido este mismo libro entre mis manos.

Hoy te entrego mis experiencias, para que te sirva como una referencia de todo lo que podemos perder cuando te conformas solo con lo necesario y no luchas por las grandezas que Dios tiene para ti.

Te invito a estar pendiente de una conferencia para fines del 2023 llamada **"fuerza inquebrantable"** por Ricardo Sáenz Paulino, que dará la vuelta al mundo hablando justamente de *La travesía de un gran líder*.

Leyendo este libro encontrarás lo necesario para darte cuenta que TU eres el escritor de tu propio destino y así como el albañil edifica una casa según los planos, edifica tu propia vida según tus planes, planes en donde te vez disfrutando de plena felicidad junto a tus seres amados; recuerda que el dinero no es felicidad, pero sin deudas te será más fácil ser feliz, de nada valdrá que construyas una mansión si los únicos que lo disfrutaran serán el jardinero y la ama de llaves, vive la vida compartiendo optimismo y siendo ejemplo que lo que tu logres, otros lo pueden lograr y si no saben enséñales, sino pueden ayúdales; pero si no quieren, ellos se lo pierden.

Esté libro me ayudo a descubrir lo siguiente:

1...

2...

3...

4...

5...

6...

7...

8...

9...

10...

RICARDO SAÉNZ PAULINO

DEDICADO

PARA….

DIOS TE BENDIGA….

www.ingramcontent.com/pod-product-compliance
Lightning Source LLC
Chambersburg PA
CBHW052324220526
45472CB00001B/267